Escritos sobre a universidade

FUNDAÇÃO EDITORA DA UNESP

Presidente do Conselho Curador
Herman Jacobus Cornelis Voorwald

Diretor-Presidente
José Castilho Marques Neto

Editor-Executivo
Jézio Hernani Bomfim Gutierre

Conselho Editorial Acadêmico
Alberto Tsuyoshi Ikeda
Célia Aparecida Ferreira Tolentino
Eda Maria Góes
Elisabeth Criscuolo Urbinati
Ildeberto Muniz de Almeida
Luiz Gonzaga Marchezan
Nilson Ghirardello
Paulo César Corrêa Borges
Sérgio Vicente Motta
Vicente Pleitez

Editores-Assistentes
Anderson Nobara
Henrique Zanardi
Jorge Pereira Filho

Marilena Chauí

Escritos sobre a universidade

© 2000 Editora UNESP

Direitos de publicação reservados à:

Fundação Editora da Unesp (FEU)
Praça da Sé, 108
01001-900 – São Paulo – SP
Tel.: (0xx11) 3242-7171
Fax: (0xx11) 3242-7172
www.editoraunesp.com.br
www.livrariaunesp.com.br
feu@editora.unesp.br

Dados Internacionais de Catalogação na Publicação (CIP)
(Câmara Brasileira do Livro, SP, Brasil)

Chauí, Marilena de Souza
 Escritos sobre a universidade / Marilena Chauí. – São Paulo:
Editora UNESP, 2001.

ISBN 85-7139-327-3

1. Escolas públicas 2. Universidades públicas I. Título.

00-4151   CDD-378.5

Índice para catálogo sistemático:
1. Universidades públicas: Ensino superior: Educação   378.05

Editora afiliada:

Apresentação

Os textos aqui apresentados são versões modificadas de alguns ensaios sobre a universidade escritos e publicados ao longo dos últimos vinte anos. Por serem independentes, contêm repetições. Não as retirei para que cada ensaio guarde sua independência e inteireza. Decidi publicar um texto dos anos 70 e outro dos anos 80 juntamente com os mais recentes porque acredito que, dessa maneira, os leitores poderão acompanhar alguns aspectos do processo que nos colocou na situação presente. Julgo também que a sequência será útil aos leitores mais jovens porque lhes mostrará que nosso presente não é eterno nem é um destino inelutável. De fato, participando atualmente de debates universitários, pude observar que os jovens estudantes consideram a determinação da universidade pelo mercado e as agruras da profissionalização e da competição como algo natural e como se houvesse sido sempre assim, não lhes parecendo que as questões postas à universidade ou postas por ela à sociedade e ao Estado pudessem ter sido diversas das que hoje conhecem. Ao contrário, lendo os textos escritos entre o final dos anos 70 e início dos anos 80, observarão que os debates sobre o papel da universidade, bem como as críticas e o combate à série de reformas do ensino universitário davam relevo às questões sociais e políticas, ao significado do conhecimento e do saber numa sociedade periférica que viveu sob ditadura e lutava pela democracia, enfatizando os temas da formação, da cultura, da justiça social, da liberdade e da igualdade.

Espero que, para os mais jovens, estes textos sejam de alguma valia para ampliar a percepção e o escopo do debate universitário, e que, para os mais velhos, façam parte dos escritos de combate, escovando a história a contrapelo e recusando a servidão voluntária.

Marilena Chauí
Universidade de São Paulo, janeiro de 2001

Sumário

1 Introdução
A universidade na sociedade   9

2 Ventos do progresso:
a universidade administrada   43

3 Modernização *versus* democracia   73

4 Vocação política e vocação científica
da universidade   115

5 USP 94: a terceira fundação   135

6 O mal-estar na universidade:
o caso das humanidades
e das ciências sociais   157

7 A universidade hoje   175

8 A questão da autonomia   195

1
Introdução
A universidade na sociedade

Em toda parte, temos acompanhado e participado de discussões sobre a universidade pública e a necessidade de defendê-la como um direito democrático, opondo-nos às medidas estatais que visam ao seu desaparecimento. Cada um de nós tem tomado posição no debate, mas nem sempre nossos pressupostos estão claros para quem nos ouve ou nos lê. Por esse motivo, julguei valer a pena situar o contexto em que proponho o debate. É disso que trata esta pequena introdução.

A ideia e a prática democrática

O pensamento filosófico contemporâneo ampliou o conceito de democracia não só com relação à ciência política (que reduz a democracia a um sistema político--eleitoral baseado nas disputas de partidos políticos), mas também resgatando o que Moses Finley designou como "a invenção da política" pelos gregos e romanos, isto é, a passagem do poder despótico privado (fundado na vontade pessoal e arbitrária do governante como *despótes*, isto é, como pai ou chefe da família) ao poder propriamente político como discussão, deliberação e decisão coletivas realizadas em público, sob o direito e as leis.

Nessa perspectiva, podemos, em traços breves e gerais, caracterizar a democracia como ultrapassando a simples ideia de um regime político identificado à forma do governo, tomando-a como forma geral de uma sociedade e, assim, considerá-la como:

1. forma geral da existência social em que uma sociedade, dividida internamente em classes, estabelece as relações sociais, os valores, os símbolos e o poder político a partir da determinação do justo e do injusto, do legal e do ilegal, do legítimo e do ilegítimo, do verdadeiro e do falso, do bom e do mau, do possível e do necessário, da liberdade e da coerção;

2. forma sociopolítica definida pelo princípio da isonomia (igualdade dos cidadãos perante a lei) e da isegoria (direitos de todos para expor em público suas opiniões, vê-las discutidas, aceitas ou recusadas em público), tendo como base a afirmação de que todos são iguais porque livres, isto é, ninguém está sob o poder de um outro porque todos obedecem às mesmas leis das quais todos são autores (autores diretamente, numa democracia participativa; indiretamente, numa democracia representativa). Donde o maior problema da democracia numa sociedade de classes ser o da manutenção de seus princípios – igualdade e liberdade – sob os efeitos da desigualdade real;

3. forma política na qual, ao contrário de todas as outras, o conflito é considerado legítimo e necessário, buscando mediações institucionais para que possa exprimir-se. A democracia não é o regime do consenso, mas do trabalho dos e sobre os conflitos. Donde uma outra

dificuldade democrática nas sociedades de classe: como operar com os conflitos quando estes possuem a forma da contradição e não a da mera oposição?

4. forma sociopolítica que busca enfrentar as dificuldades antes apontadas conciliando o princípio da igualdade e da liberdade e a existência real das desigualdades, bem como o princípio da legitimidade do conflito e a existência de contradições materiais introduzindo, para isso, a ideia dos *direitos* (econômicos, sociais, políticos e culturais). Graças aos direitos, os desiguais conquistam a igualdade, entrando no espaço político para reivindicar a participação nos direitos existentes e sobretudo para *criar novos direitos*. Estes são novos não simplesmente porque não existiam anteriormente, mas porque são diferentes daqueles que existem, uma vez que fazem surgir, como cidadãos, novos sujeitos políticos que os afirmaram e os fizeram ser reconhecidos por toda a sociedade. Com a ideia dos direitos, estabelece-se o vínculo profundo entre democracia e a ideia de *justiça*;

5. pela criação dos direitos, a democracia surge como o único regime político realmente aberto às mudanças temporais, uma vez que faz surgir o novo como parte de sua existência e, consequentemente, a temporalidade como constitutiva de seu modo de ser;

6. única forma sociopolítica na qual o caráter popular do poder e das lutas tende a evidenciar-se nas sociedades de classes, na medida em que os direitos só ampliam seu alcance ou só surgem como novos pela ação das classes populares contra a cristalização jurídico-política que favorece à classe dominante. Em outras palavras, a marca da democracia moderna, permitindo sua passagem de democracia liberal a democracia social, encontra-se no fato de que somente as classes populares e os excluídos (as "minorias") sentem a exigência de reivindicar direitos e criar novos direitos;

7. forma política na qual a distinção entre o poder e o governante é garantida não só pela presença de leis e

pela divisão de várias esferas de autoridade, mas também pela existência das eleições, pois estas (contrariamente do que afirma a ciência política) não significam mera "alternância no poder", mas assinalam que o poder está sempre vazio, que seu detentor é a sociedade e que o governante apenas o ocupa por haver recebido um mandato temporário para isto. Em outras palavras, os sujeitos políticos não são simples votantes, mas eleitores. Eleger, como já dizia a política romana, significa exercer o poder de "dar aquilo que se possui, porque ninguém pode dar o que não tem", isto é, eleger é afirmar-se soberano para escolher ocupantes temporários do governo.

Fundada na noção de direitos, a democracia está apta a diferenciá-los de privilégios e carências. Os primeiros são, por definição, particulares, não podendo generalizar-se num interesse comum nem universalizar-se num direito porque deixariam de ser privilégios. Carências, por sua vez, são sempre específicas e particulares, não conseguindo ultrapassar a especificidade e a particularidade rumo a um interesse comum nem universalizar-se num direito. A natureza universal do direito (seja porque válido para todos seja porque, diferenciado, é reconhecido por todos) aponta para um dos problemas centrais da sociedade brasileira, em que as desigualdade polarizam o espaço social entre o privilégio (das oligarquias) e as carências (populares); a dificuldade para instituir e conservar a cidadania.

A cidadania se constitui pela e na criação de espaços sociais de lutas (os movimentos sociais, os movimentos populares, os movimentos sindicais) e pela instituição de formas políticas de expressão permanente (partidos políticos, Estado de Direito, políticas econômicas e sociais) que criem, reconheçam e garantam a igualdade e liberdade dos cidadãos, declaradas sob a forma dos direitos. Em outras palavras, desde sua fundação, a democracia é inseparável da ideia de espaço público. Ou melhor, é com ela que nasce a ideia e a instituição do espaço público, à distância do espaço privado da família, da economia e da religião.

Se são esses os traços mais marcantes da democracia, não há dúvida de que instituí-la no Brasil é coisa extremamente difícil: em primeiro lugar, sempre foi difícil em decorrência da estrutura autoritária da sociedade brasileira; em segundo, ela se torna quase impossível diante da hegemonia econômico-política do neoliberalismo e de sua expressão social-democrata, a chamada "terceira via". Em outras palavras, a polarização entre a carência e o privilégio exprime a existência de uma sociedade na qual o espaço público não consegue instituir-se. Examinemos, então, esses aspectos, quais sejam, a estrutura autoritária da sociedade brasileira, a hegemonia neoliberal e a "terceira via".

Uma sociedade autoritária

Conservando as marcas da sociedade colonial escravista, ou da chamada "cultura senhorial", a sociedade brasileira é marcada pelo predomínio do espaço privado sobre o público e, tendo o centro na hierarquia familiar, é fortemente hierarquizada em todos os seus aspectos: nela, as relações sociais e intersubjetivas são sempre realizadas como relação entre um superior, que manda, e um inferior, que obedece. As diferenças e assimetrias são sempre transformadas em desigualdades que reforçam a relação mando-obediência. O outro jamais é reconhecido como sujeito nem como sujeito de direitos, jamais é reconhecido como subjetividade nem como alteridade. As relações, entre os que julgam iguais, são de "parentesco", isto é, de cumplicidade; e, entre os que são vistos como desiguais, o relacionamento toma a forma do favor, da clientela, da tutela ou da cooptação, e, quando a desigualdade é muito marcada, assume a forma de opressão. Em suma: micropoderes capitalizam em toda a sociedade de sorte que o autoritarismo da e na família se espraia para a escola, as relações amorosas, o trabalho, os *mass media*, o comportamento social nas ruas, o tratamento dado aos cidadãos pela burocracia estatal, e vem exprimir-se, por exemplo, no desprezo do mercado pelos direitos do consumidor (coração da ideologia capitalista) e na naturalidade da violência policial.

Quais os principais traços de nosso autoritarismo social? A sociedade está estruturada segundo o modelo do núcleo familiar. Nela se impõe a recusa tácita (e, às vezes explícita) para fazer operar o mero princípio liberal da igualdade formal e a dificuldade para lutar pelo princípio socialista da igualdade real: as diferenças são postas como desigualdades e, estas, como inferioridade natural (no caso das mulheres, dos trabalhadores, negros, índios, migrantes, idosos) ou como monstruosidade (no caso dos homossexuais). Está, também, estruturada a partir das relações familiares de mando e obediência, nela se impõe a recusa tácita (e às vezes explícita) de operar com o mero princípio da igualdade jurídica e a dificuldade para lutar contra formas de opressão social e econômica: para os grandes, a lei é privilégio; para as camadas populares, repressão. A lei não deve figurar e não figura o polo público do poder e da regulação dos conflitos, nunca definindo direitos e deveres dos cidadãos, porque a tarefa da lei é a conservação de privilégios e o exercício da repressão. Por esse motivo, as leis aparecem como inócuas, inúteis ou incompreensíveis, feitas para serem transgredidas e não para serem transformadas. O poder judiciário é claramente percebido como distante, secreto, representante dos privilégios das oligarquias e não dos direitos da generalidade social.

Em nossa sociedade, a indistinção entre o público e o privado não é uma falha ou um atraso, mas é, antes, a forma mesma de realização da sociedade e da política: não apenas os governantes e parlamentares praticam a corrupção sobre os fundos públicos, mas não há percepção social de uma esfera pública das opiniões, da sociabilidade coletiva, da rua como espaço comum, assim como não há a percepção dos direitos à privacidade e à intimidade. Do ponto de vista dos direitos sociais, há um encolhimento do espaço público; do ponto de vista dos interesses econômicos, um alargamento do espaço privado.

Nossa sociedade possui um modo peculiar de evitar o trabalho dos conflitos e das contradições sociais, econômicas e políticas como tais, uma vez que conflitos e contradições negam a imagem mítica da boa sociedade indivisa, pacífica e ordeira. Não são ignorados e sim recebem uma significação precisa: conflitos e contradições são considerados sinônimo de perigo, crise, desordem e a eles se oferece uma única resposta: a repressão policial e militar, para as camadas populares, e o desprezo condescendente, para os opositores em geral. Em suma, a sociedade auto-organizada é vista como perigosa para o Estado e para o funcionamento "racional" do mercado. Isso leva a um modo também peculiar de bloquear a esfera pública da opinião como expressão dos interesses e dos direitos de grupos e classes sociais antagônicos. Esse bloqueio não é um vazio ou uma ausência, mas um conjunto de ações determinadas que se traduzem numa maneira determinada de lidar com a esfera da opinião: os *mass media* monopolizam a informação, e o consenso é confundido com a unanimidade, de sorte que a discordância é posta como atraso ou ignorância.

O autoritarismo social opera pela naturalização das desigualdades econômicas e sociais, do mesmo modo que há naturalização das diferenças étnicas, postas como desigualdades raciais entre superiores e inferiores, das diferenças religiosas e de gênero, bem como naturalização de todas as formas visíveis de violência; as diferenças são postas como desigualdades e, estas, como inferioridade natural ou como monstruosidade. Ao mesmo tempo, nossa sociedade vive fascinada pelos signos de prestígio e de poder, como transparece no uso de títulos honoríficos sem nenhuma relação com a possível pertinência de sua atribuição (sendo o caso mais corrente o uso de "Doutor" quando, na relação social, o outro se sente ou é visto como superior) e na manutenção de criadagem doméstica, cujo número indica o grau de prestígio, *status* etc.

A ideologia autoritária que naturaliza as desigualdades e exclusões socioeconômicas vem exprimir-se no modo de funcionamento da política. Os partidos políticos são *clubs privés* das oligarquias regionais, arrebanhando a classe média em torno do imaginário autoritário (a ordem) e mantendo com os eleitores quatro tipos principais de relações: a de cooptação, a de favor e clientela, a de tutela e a da promessa salvacionista ou messiânica. Do lado da classe dominante, a política é praticada numa perspectiva naturalista-teocrática, isto é, os dirigentes são detentores do poder por direito natural e por escolha divina. Do lado das camadas populares, o imaginário político é messiânico-milenarista, correspondendo à autoimagem dos dirigentes. Como consequência, a política não consegue configurar-se como campo social de lutas, mas tende a passar para o plano da representação teológica, oscilando entre a sacralização e a adoração do bom-governante e a satanização e execração do mau-governante.

O Estado é percebido apenas sob a face do poder executivo, ficando os poderes legislativo e judiciário reduzidos ao sentimento de que o primeiro é corrupto e o segundo, injusto. A identificação entre o Estado e o executivo, a ausência de um legislativo confiável e o medo do judiciário, somados à ideologia do autoritarismo social e ao imaginário teológico-político levam ao desejo permanente de um Estado "forte" para a "salvação nacional". Por seu turno, o Estado percebe a sociedade civil como inimiga e perigosa, bloqueando as iniciativas dos movimentos sociais, sindicais e populares. Vivemos numa sociedade verticalizada e hierarquizada (embora não o percebamos) na qual as relações sociais são sempre realizadas ou sob a forma da cumplicidade (quando os sujeitos sociais se reconhecem como iguais), ou sob a forma do mando e da obediência entre um superior e um inferior (quando os sujeitos sociais "se consideram" diferentes, a diferença não sendo vista como assimetria, mas como desigualdade). Compreende-se, portanto, a impossibilidade de realizar a política democrática baseada nas ideias de espaço público, cidadania e representação – esta é substituída pelo favor, pela clientela, pela tutela, pela cooptação ou pelo pedagogismo vanguardista. Compreende-se também por que a ideia socialista de justiça social, liberdade e felicidade se coloca no campo da utopia.

Sob o signo do neoliberalismo

O chamado neoliberalismo corresponde ao momento em que entra em crise o Estado de Bem-Estar, de estilo keynesiano e social-democrata, no qual a gestão dos fundos públicos era feita pelo Estado como parceiro e regulador econômico, que operava a partir da ideia e da prática de planejamento econômico e da redistribuição da renda por meio de benefícios sociais conquistados pelas lutas sindicais e populares dos anos 1930-1940.[1] Sua certidão de nascimento foi a crise capitalista do início dos anos 70, quando o capitalismo conheceu, pela primeira vez, um tipo de situação imprevisível, isto é, baixas taxas de crescimento econômico e altas taxas de inflação: a famosa estagflação. Na perspectiva do que viria a ser designado como neoliberalismo, a crise fora causada pelo poder excessivo dos sindicatos e dos movimentos operários, que haviam pressionado por aumentos salariais e exigido o aumento dos

---

[1] Sobre essa crise ou o chamado "colapso da modernização", ver Oliveira, F. de. O surgimento do antivalor. Capital, força de trabalho e fundo público. In: *Os direitos do antivalor. A economia política da hegemonia imperfeita.* Petrópolis: Vozes, 1998. (Coleção Zero à Esquerda).

encargos sociais do Estado, e teriam, dessa maneira, destruído os níveis de lucro requeridos pelas empresas, desencadeando os processos inflacionários incontroláveis. A solução era simples, bastando um Estado forte, capaz de quebrar o poder dos sindicatos e movimentos operários, controlar os dinheiros públicos e cortar drasticamente os encargos sociais e os investimentos na economia. A meta principal deveria ser a estabilidade monetária, obtida por dois procedimentos: primeiro, pela contenção dos gastos sociais e restauração da taxa de desemprego necessária para formar um exército industrial de reserva, quebrando assim o poderio dos sindicatos; segundo, pela reforma fiscal para incentivar os investimentos privados, reduzindo os impostos sobre o capital e as fortunas, aumentando os impostos sobre a renda individual e, portanto, sobre o trabalho, o consumo e o comércio. A precondição indispensável dessas operações era óbvia: o Estado devia se afastar de uma vez por todas da regulação da economia, deixando que o próprio mercado, com sua racionalidade própria, operasse a desregulação; em outras palavras, abolição dos investimentos estatais na produção, abolição do controle estatal sobre o fluxo financeiro, drástica legislação antigreve e vasto programa de privatização. Esse modelo político tornou-se inseparável da mudança da forma da acumulação do capital, hoje conhecida como "acumulação flexível", que incentiva a especulação financeira, em vez dos investimentos na produção, e deixa de considerar o dinheiro como mercadoria universal, passando a tratá-lo como moeda. Donde se falar em monetarismo e em capitalismo pós-industrial.

Como é o capitalismo atual? Se reunirmos diferentes estudos, poderemos obter um quadro aproximativo cujos traços seriam os seguintes:

1. o desemprego tornou-se estrutural, deixando de ser acidental ou expressão de uma crise conjuntural, porque a forma contemporânea do capitalismo, ao contrário de sua forma clássica, não opera por inclusão de

toda a sociedade no mercado de trabalho e de consumo, mas por exclusão. Essa exclusão se faz não só pela introdução da automação, mas também pela velocidade da rotatividade da mão de obra, que se torna desqualificada e obsoleta muito rapidamente em decorrência da velocidade das mudanças tecnológicas. Como consequência, os sindicatos perdem poder e a pobreza absoluta aumenta. Na América Latina há 196 milhões de pessoas abaixo da linha de pobreza. Estudos da ONU preveem que haverá, no ano 2000, 312 milhões, se a renda *per capita* estagnar – serão 59,3% da população da América Latina;

2. o monetarismo e o capital financeiro tornaram-se o coração e o centro nervoso do capitalismo, ampliando a desvalorização do trabalho produtivo e privilegiando a mais abstrata e fetichizada das mercadorias, o dinheiro. Num dia, a bolsa de valores de Nova York ou de Londres, por exemplo, é capaz de negociar montantes de dinheiro equivalentes ao PIB anual do Brasil ou da Argentina. O poderio do capital financeiro determina, diariamente, as políticas dos vários Estados, sobretudo os do Terceiro Mundo, que dependem da vontade dos bancos e financeiras de transferir periodicamente os recursos para um determinado país, abandonando outro;

3. a terceirização, isto é, o aumento do setor de serviços, tornou-se estrutural, deixando de ser um suplemento à produção porque, agora, a produção não mais se realiza sob a antiga forma fordista das grandes plantas industriais que operavam com imensas linhas de montagem e grandes estoques, além de concentrarem todas as etapas da produção – da aquisição da matéria-prima à distribuição dos produtos. Opera, ao contrário, por fragmentação e dispersão de todas as esferas e etapas da produção, com a compra de serviços no mundo inteiro, e com o desmantelamento das operações em linha de montagem e formação de grandes estoques de produtos duráveis. Como consequência, espalha-se a fragmentação do trabalho em tarefas terceirizadas, os grandes estoques de pro-

dutos duráveis são substituídos pelos descartáveis de pequena duração. Desaparecem assim todos os referenciais materiais que permitiam à classe operária perceber-se como classe e lutar como classe social, enfraquecendo-se ao se dispersar nas pequenas unidades terceirizadas espalhadas pelo planeta;

4. a ciência e a tecnologia tornaram-se forças produtivas, deixando de ser mero suporte do capital para se converter em agentes de sua acumulação. Consequentemente, mudou o modo de inserção dos cientistas e técnicos na sociedade porque se tornaram econômicos diretos, e a força e o poder capitalistas encontram-se no monopólio dos conhecimentos e da informação;

5. diferentemente da forma keynesiana e social-democrata que, desde o fim da Segunda Guerra, havia definido o Estado como agente econômico que regula mercado, e agente fiscal que emprega a tributação para promover investimentos nas políticas de direitos sociais, agora, o capitalismo dispensa e rejeita a presença estatal não só no mercado, mas também nas políticas sociais, de sorte que a privatização tanto de empresas quanto de serviços públicos também se tornou estrutural. Disso resulta que a ideia de direitos sociais como pressuposto e garantia dos direitos civis ou políticos tende a desaparecer, pois o que era um direito converte-se num serviço privado regulado pelo mercado e, portanto, torna-se uma mercadoria acessível apenas aos que têm poder aquisitivo para adquiri-la;

6. a transnacionalização da economia reduz o Estado nacional a um órgão de negociação e barganha nas operações do capital, não se definindo mais como soberano e como enclave territorial para o capital. Esse, agora, dispensa as formas clássicas do imperialismo (colonialismo político-militar, geopolítica de áreas de influência etc.), de sorte que o centro econômico, jurídico e político planetário encontra-se no FMI e no Banco Mundial. Estes operam com um único dogma, ao qual os Estados na-

cionais estão submetidos: estabilidade econômica e corte do déficit público;

7. a distinção entre países de Primeiro e Terceiro Mundos tende a ser substituída pela existência, em cada país, de uma divisão entre bolsões de riqueza absoluta e de miséria absoluta, isto é, a polarização de classes aparece como polarização entre a opulência absoluta e a indigência absoluta. Há, em cada país, um "Primeiro Mundo" (basta ir aos Jardins e ao Morumbi, em São Paulo, para vê-lo) e um "Terceiro Mundo" (basta ir a Nova York e a Londres para vê-lo). A diferença está apenas no número de pessoas que, em cada um deles, pertence a um dos "mundos", em razão dos dispositivos sociais e legais de distribuição de renda, garantia de direitos sociais consolidados e da política tributária (o grosso dos impostos não vem do capital, mas do trabalho e do consumo).

Em resumo, a nova forma da acumulação do capital se caracteriza pela desintegração vertical da produção, tecnologias eletrônicas, diminuição dos estoques, velocidade na qualificação e desqualificação da mão de obra, aceleração do *turnover* da produção, do comércio e do consumo pelo desenvolvimento das técnicas de informação e distribuição, proliferação do setor de serviços, crescimento da economia informal e paralela (como resposta ao desemprego estrutural) e novos meios para prover os serviços financeiros (desregulação econômica e formação de grandes conglomerados financeiros que formam um único mercado mundial com poder de coordenação financeira).

A esse conjunto de condições materiais, esboçado aqui, corresponde um imaginário social que busca justificá-las (como racionais), legitimá-las (como corretas) e dissimulá-las (como formas contemporâneas da exploração e dominação). Esse imaginário social é o neoliberalismo como ideologia. Seu principal subproduto é a ideologia pós-moderna para a qual o ser da realidade é a fragmentação econômico-social e a compressão espaço-temporal, gerada pelas novas tecnologias de informação e pelo percurso cotidiano do capital financeiro através do planeta.[2]

A ideologia pós-moderna corresponde a uma forma de vida determinada pela incerteza e violência institucionalizadas pelo mercado. Essa forma de vida possui quatro traços principais: 1. a insegurança, que leva a aplicar recursos no mercado de futuros e de seguros; 2. a dispersão, que leva a procurar uma autoridade política forte, com perfil despótico; 3. o medo, que leva ao reforço de antigas instituições, sobretudo a família, e ao retorno das formas místicas e autoritárias ou fundamentalistas de religião; 4. o sentimento do efêmero e da destruição da memória objetiva dos espaços, levando ao reforço de suportes subjetivos da memória (diários, biografias, fotografias, objetos).

A peculiaridade pós-moderna, isto é, a paixão pelo efêmero, pelas imagens velozes, pela moda e pelo descartável, depende de uma mudança sofrida no setor da circulação das mercadorias e do consumo. De fato, as novas tecnologias deram origem a um tipo novo de publicidade e *marketing* no qual não se vendem e compram mercadorias, mas o símbolo delas, isto é, vendem-se e compram-se imagens que, por serem efêmeras, precisam ser substituídas rapidamente. Em outras palavras, a mercadoria, que já é um fetiche, se duplica numa imagem de prestígio, poder, juventude, sucesso, competência etc., portanto, num simulacro de si mesma e é esse simulacro que opera na esfera do consumo. Com isso, o paradigma do consumo tornou-se o mercado da moda, veloz, efêmero e descartável.

Por ser a ideologia da nova forma de acumulação do capital, o pós-modernismo relega à condição de mi-

---

2 Sobre a ideologia pós-moderna e a forma de vida que a ela corresponde, ver Harvey, D. *Condição pós-moderna*. São Paulo: Loyola, 1992. Seguimos aqui várias observações e indicações de Harvey.

tos eurocêntricos totalitários os conceitos que fundaram e orientaram a modernidade: as ideias de racionalidade e universalidade, o contraponto entre necessidade e contingência, os problemas da relação entre subjetividade e objetividade, a história como dotada de sentido imanente, a diferença entre natureza e cultura etc. Em seu lugar, afirma a fragmentação como modo de ser da realidade; preza a superfície do aparecer social ou as imagens e sua velocidade espaço-temporal; recusa que a linguagem tenha sentido e interioridade para vê-la como construção, desconstrução e jogo de textos, tomando-a exatamente como o mercado de ações e moedas toma o capital; privilegia a subjetividade como intimidade emocional e narcísica, elegendo a esquizofrenia como paradigma do subjetivo, isto é, a subjetividade fragmentada e dilacerada; define a filosofia, a ciência e a arte como narrativas, isto é, como elaborações imaginárias de discursos autorreferidos. Realiza três grandes inversões ideológicas: substitui a lógica da produção pela da circulação; substitui a lógica do trabalho pela da comunicação; e substitui a luta de classes pela lógica da satisfação-insatisfação imediata dos indivíduos no consumo.

A este quadro é preciso acrescentar as mudanças nas ciências e nas tecnologias.

A ciência antiga definia-se como teoria, isto é, para usarmos a expressão de Aristóteles, estudava aquela realidade que independe de toda ação e intervenção humanas. A ciência moderna, ao contrário, afirmou que a teoria tinha como finalidade abrir o caminho para que os humanos se tornassem senhores da realidade natural e social. Todavia, a ciência moderna ainda acreditava que a realidade existia em si mesma, separada do sujeito do conhecimento e que este apenas podia descrevê-la por meio de leis e agir sobre ela por meio das técnicas. A ciência contemporânea, porém, acredita que não contempla nem descreve realidades, mas a constrói intelectual e experimentalmente nos laboratórios. Essa visão pós-moderna da ciência como *engenharia* e não como conhecimento, desprezando a opacidade do real e as difíceis condições para instituir as relações ente o subjetivo e o objetivo, leva à ilusão de que os humanos realizariam, hoje, o sonho dos magos da Renascença, isto é, serem deuses porque capazes de criar a própria realidade e, agora, a própria vida.

A essa mudança do estatuto da ciência corresponde a mudança do estatuto da técnica. Para a ciência antiga, teoria e técnica nada possuíam em comum, a técnica sendo uma arte para encontrar soluções para problemas práticos sem nenhuma relação com a ciência. A ciência moderna modificou a natureza dos objetos técnicos porque os transformou em objetos tecnológicos, isto é, em ciência materializada, de tal maneira que a teoria cria objetos técnicos e estes agem sobre os conhecimentos teóricos. A ciência contemporânea foi além ao transformar os objetos técnicos em autômatos, portanto, num sistema de objetos autorreferidos, autorregulados e dotados de lógica própria, capazes de intervir não só sobre teorias e práticas, mas sobre a organização social e política. Como sabemos, a ciência e a técnica contemporâneas tornaram-se forças produtivas e trouxeram um crescimento brutal do poderio humano sobre o todo da realidade que, afinal, é construída pelos próprios homens. As tecnologias biológicas, nucleares, cibernéticas e de informação revelam a capacidade humana para um controle total sobre a natureza, a sociedade e a cultura, não sendo casuais as expressões *engenharia genética, engenharia política, engenharia social.* Controle que, sendo puramente intelectual, mas determinado pelos poderes econômicos e políticos, pode ameaçar todo o planeta.

Ora, filósofos e cientistas antigos e modernos haviam apostado nos conhecimentos como fontes liberadoras para os seres humanos: seriam libertados do medo e da superstição, das carências impostas por uma natureza hostil, e sobretudo do medo da morte, graças aos avanços das ciências, das técnicas e de uma política capaz de deter as guerras. A ciência e a tecnologia contemporâneas, submetidas à lógica neoliberal e à ideologia pós-moderna, parecem haver-se tornado o contrário do que delas se esperava: em lugar de fonte de conhecimento contra as superstições, criaram a ciência e a tecnologia como novos mitos e magias; em lugar de fonte libertadora das carências naturais e cerceamento de guerras, tornaram-se, por meio do complexo industrial-militar, causas de carências e genocídios. Surgem como poderes desconhecidos, incontroláveis, geradores de medo e de violência, negando a possibilidade da ação ética como racionalidade consciente, voluntária, livre e responsável, sobretudo porque operam sob a forma do segredo (o controle das informações como segredos de Estado e dos oligopólios transnacionais) e da desinformação propiciada pelos meios de comunicação de massa.

A "terceira via"

A origem dessa fórmula, como reconhecem seus atuais proponentes, é pouco ilustre: foi empregada pelo fascismo para indicar um projeto e um programa econômico, social e político que se pretendia equidistante do liberalismo e do socialismo/comunismo. Reapareceu nos anos 40 nos discursos de Perón e consolidou o peronismo. Em outras palavras, outrora como agora, a ideia de terceira via tem a pretensão de colocar-se *além* da direita liberal e da esquerda socialista/comunista. Os fascistas, de fato, foram muito além. O peronismo, nem tanto. E os atuais proponentes da terceira via simplesmente ficam *entre* ambas, imaginando que ultrapassaram a contradição *de* ambas. Mas se, apesar da história infame da expressão, ela é agora retomada é porque, antes de ser apropriada pelo fascismo, ela era o pressuposto tácito da social-democracia.

De fato, o núcleo duro do pensamento social-democrata, desde Bernstein, é que o socialismo (ou a propriedade coletiva dos meios de produção) pode ser e deve ser alcançado por reformas progressivas impostas ao capitalismo (ou a propriedade privada dos meios de produção) e não por meio de uma revolução. Entre o capitalismo e a revolução intercala-se um terceiro caminho, o da reforma, que humaniza o capitalismo e acumula forças para passar pacificamente ao socialismo.

Esse pressuposto tornou-se realidade quando a social-democracia passou a operar com as ideias econômicas e políticas de Keynes e estabeleceu uma distinção entre economia liberal de mercado e economia planejada sob a direção do Estado. Com essa ideia, a social-democracia poderia demarcar sua diferença ante o fascismo e o comunismo soviético. De fato, o fascismo imaginara o planejamento econômico como obra de um Estado policial-militar que propunha a política de colaboração das classes por meio da organização corporativa da sociedade, isto é, da distribuição das classes em corporações da agricultura, indústria, do comércio e trabalho cujas relações eram definidas e mediadas pelo Estado. Por seu turno, o comunismo soviético propunha o planejamento econômico também como obra de um Estado forte e totalitário, na medida em que se fazia presente em todas esferas da sociedade por meio da burocracia do Partido Comunista e do Serviço Secreto, e que: 1. se apresentava como o representante da classe trabalhadora; 2. identificara a ideia de propriedade coletiva dos meios de produção com a propriedade estatal dos meios de produção, por meio da nacionalização da agricultura, indústria e do comércio; e 3. impusera a coletivização do trabalho, mas não a da riqueza social.

Diferenciando-se dos dois modelos totalitários, a social-democracia, fortemente sustentada por uma base sindical poderosa e ativa, propôs o que viria a ser chamado de Estado do Bem-Estar, no qual o planejamento da economia tinha o Estado como parceiro econômico (definindo políticas econômicas e sociais) e como mediador e regulador das forças do mercado, conduzindo-as pacífica e progressivamente rumo ao socialismo. Assim, entre, de um lado, a direita reacionária e/ou conservadora liberal e, de outro, a esquerda revolucionária e/ou totalitária, a social-democracia era a terceira via.

O projeto da economia planejada só foi possível enquanto a acumulação e reprodução do capital se fazia sob o modelo fordista (as grandes fábricas, organizadas em linhas de montagem, com controle de todo o processo produtivo, desde a matéria-prima até a distribuição dos produtos, e sindicatos fortes) e o processo de trabalho taylorista (ou a "gerência científica", encarregada de dividir as classes sociais entre dirigentes, que sabem, e executantes, que não sabem). Duas crises simultâneas puseram por terra a economia planejada: a crise geral do capitalismo nos anos 70 (estagflação, crise do petróleo) e a crise do Estado de Bem-Estar (ou a "crise fiscal" do Estado). Essas crises levaram a uma mudança fundamental no modo de acumulação do capital e abriram o caminho para o neoliberalismo ou o "fundamentalismo do mercado". A social-democracia parecia ter seus dias contados e só recolhia derrotas eleitorais em toda parte.

Ela foi, no entanto, salva. Os desastres sociais do neoliberalismo (desemprego, tragédias ecológicas, violência urbana, terrorismo, narcotráfico, desigualdades sociais levadas ao extremo, miséria) e a presença de movimentos sociais por direitos (feminismo, ecologia, direitos civis das minorias, lutas pela redução da jornada de trabalho e pelo emprego) trouxeram a social-democracia de volta. Mas com nova roupagem e o manto da terceira via como afirmação explícita.

Assim, a expressão "terceira via" retornou na década de 1990, na Inglaterra, com um sentido puramente eleitoral, oferecendo uma nova cara ao Partido Trabalhista inglês, fustigado durante vinte anos pelo thatcherismo então agonizante. Essa tarefa eleitoral foi facilitada pela queda do Muro de Berlim. De fato, num primeiro momento, a social-democracia não podia comemorar a queda do Muro, pois o que se seguiu imediatamente a ela não foi o que os social-democratas esperavam. Que esperavam eles? Que Gorbachov pusesse a social-democracia em ação na URSS . O fracasso de Gorbachov e o rumo tomado pela destruição da antiga URSS deixaram os social-democratas desarvorados, e tão desarvorados como o restante das esquerdas com a desestruturação da classe trabalhadora sob os efeitos do neoliberalismo. Todavia, passado o primeiro impacto, o Novo Trabalhismo inglês transformou a perplexidade em arma: passou a considerar que a URSS fora vencida não pelo capitalismo, mas por não adotar uma terceira via, reunindo racionalidade, realismo, modernidade e progresso. A derrota da URSS e o esgotamento do thatcherismo tornaram-se, eleitoralmente, a prova da correção de uma social-democracia renovada.

Foi possível, então, começar a afirmar que a economia de mercado é criativa, modernizadora e o único horizonte histórico do século XXI. Tal afirmação partia de três ideias principais: 1. a divisão direita/esquerda não tem sentido porque só tem sentido numa sociedade bipolar, isto é, na sociedade da guerra fria; 2. a divisão direita/ esquerda deixa a esquerda cega para os benefícios materiais do capitalismo, e a direita cega para a grandeza dos valores socialistas; 3. a reunião desses benefícios e dessa grandeza para formar um novo consenso tem como condição desvincular a ideia de justiça social da ideia de igualdade social e afirmar a prioridade da iniciativa individual como instrumento de progresso coletivo contra o postulado obsoleto de propriedade coletiva dos meios de produção.

A terceira via, porém, não pretendeu ser uma simples plataforma eleitoral, mas uma teoria da sociedade e da política contemporâneas com o fito de organizar a ação política do próximo século, como se vê pelos livros e artigos de Anthony Giddens,[3] particularmente *A terceira via*, que vem sendo transformado numa espécie de catecismo da social-democracia brasileira.

Pelos escritos de Giddens, podemos observar que a terceira via está assentada sobre cinco dogmas.

1. *Política*: "modernizar o centro", com a aceitação da ideia de justiça social e a rejeição da "política de classes" e da igualdade econômica, procurando apoio em todas as classes sociais e assegurando que o governo seja uma das condições para a expansão e o desenvolvimento da liberdade individual.

2. *Economia*: criar uma "economia mista" que equilibre regulação e desregulação, levando em conta os aspectos não econômicos da vida social. Cabe ao Estado preservar a competição, quando ameaçada pelo monopólio, mas preservar o monopólio, quando ameaçado pela competição; criar bases institucionais para os mercados, uma vez que estes dependem de grande acumulação de capital, impossível de ser feita diretamente pelo mercado; proteger as condições físicas e contratuais dos empregados, "já que os trabalhadores não são uma mercadoria como outra qualquer"; saber enfrentar as catástrofes engendradas pelo mercado, estimulando a criação de "empresas responsáveis".

3. *Governo*: com o fim da guerra gria e da "sociedade bipolar", os estados já não possuem inimigos. Enfrentam problemas. O principal problema para o Estado democrático é o de sua legitimidade, e esta só será reconquistada com uma reforma administrativa que torne o Estado um administrador tão competente como uma grande empresa. Por outro lado, do ponto de vista da democracia, o principal problema é o de não ser suficientemente democrática. O novo Estado democrático precisa democratizar-se e o

---

[3] Ver Anthony Giddens "A terceira via em cinco dimensões". *Folha de S.Paulo*, Caderno "Mais!", 21.2.1999, p.4 e 5.

fará operando por delegação de poder, referendos, plebiscitos, democracia direta nas localidades, transparência nos negócios públicos – em suma, por aumento da participação política com a estratégia de renovação e de incentivo à formação de comunidades solidárias, voltadas sobretudo para os problemas da criminalidade e da desagregação urbana.

4. *Nação*: a nação, tal como pensada e instituída nos séculos passados, não tem sentido no mundo da globalização. Mas isso não significa que ela não tenha sentido algum. Trata-se, pois, de reinventar a nação num mundo cosmopolita como "força estabilizadora e freio à fragmentação" e como "condição do possível desaparecimento das guerras de grandes proporções entre os Estados". Uma nação moderna moderniza (sic!) sua identidade e tem segurança suficiente em sua soberania para não temer o cosmopolitismo do próximo milênio.

5. *Bem-Estar Social*: corrigir os excessos e efeitos perversos do Estado Providência (burocracia, comodismo, passividade, safadeza) e reformar o Estado de Bem-Estar, tendo como agentes os indivíduos e outros órgãos, que não o Estado, criadores de riqueza. A reforma reorientará o investimento social do Estado, estabelecendo um equilíbrio entre risco, seguridade e responsabilidade (individual e coletiva) e tendo como pilar o seguinte princípio: "investir em capital humano e não pagar diretamente os benefícios". Esse curioso princípio é desenvolvido no livro de Giddens como a substituição da expressão "Estado do Bem-Estar" por "Sociedade do Bem-Estar": o Estado faz parcerias com empresas, sobretudo as do "terceiro setor" (ou os serviços), para criar empregos e se desobriga do salário-desemprego; o Estado faz parcerias com empresas de saúde e se desobriga da saúde pública gratuita; o Estado faz parcerias com empresas de educação e se desobriga da educação pública gratuita etc. O Estado, por meio das parcerias, "investe no capital humano" (com empregos, saúde, educação) e se desobriga de pagar diretamente os

benefícios, coibindo a preguiça, a ignorância, a doença, a imundície, a safadeza e outros males sociais.

O que significam os cinco dogmas desse catecismo?

Pelo primeiro, como será exaustivamente repetido pelos defensores da terceira via, exclui-se da sociedade e da política o conceito de lutas de classes, tido como obsoleto após o fim da sociedade bipolar. Em outras palavras, confunde-se a geopolítica da guerra fria com a divisão de classes posta pelo capitalismo e, por conseguinte, como a primeira acabou, a segunda também deve ter acabado!

Pelo segundo, a terceira via mantém a prática neoliberal da opção preferencial do investimento dos fundos públicos para o capital e não para o trabalho e acrescenta duas pitadas social-democratas: lembra que a mercadoria humana é distinta da mercadoria não humana, e insere as empresas no universo da responsabilidade moral.

Pelo terceiro, não se estabelece nenhuma relação entre os dogmas 1, 2, e 3. Com efeito, com os valores políticos e a economia "mista" propostos, a terceira via não percebe neles um dos principais obstáculos à democracia. Por isso, em lugar de tomar esta última como criação e conservação de direitos e como legitimidade do trabalho das contradições sociopolíticas, a reduz à proteção comunitária dos indivíduos contra os problemas urbanos e a delinquência. E as comunidades não são vistas como polos de auto-organização social, nem como contrapoderes sociais ante o domínio estatal puro, nem muito menos como formas de expressão das classes sociais e dos grupos, e sim como estratégia estatal para transferência de responsabilidades ao assim chamado "terceiro setor".

Pelo quarto, nenhuma palavra é dita sobre a diferença entre nação e Estado-nação. Também nada é dito sobre a necessidade que o capitalismo, em sua fase de consolidação, tem de possuir enclaves territoriais sob a forma de estados nacionais, nem sobre a desaparição dessa ecessidade econômica no capitalismo contemporâneo;

nenhuma palavra sobre algo como uma "identidade nacional", quando sabemos que as nações modernas são instituições, isto é, construções históricas determinadas por decretos estatais exigindo a unidade legal e linguística e a defesa das fronteiras. Em suma, assim como existem o rio, o trovão, o rio e a floresta, também existe naturalmente a nação, cabendo apenas modernizar sua identidade!

Pelo último dogma, a função da "Sociedade de Bem-Estar" é dupla: em primeiro lugar, excluir, sem danos aparentes, a ideia de um vínculo necessário entre justiça social e igualdade socioeconômica; em segundo, e como consequência, desobrigar o Estado de lidar com o problema da exclusão dos pobres, pois desestabiliza os governos e a inclusão de pobres e ricos é impossível. Traduzindo: afastadas a luta de classes e a igualdade socioeconômica, o Estado não precisa enfrentar o perigoso problema da distribuição da renda e resolve sua dificuldade com a privatização dos direitos sociais, transformados em serviços sociais regidos pela lógica do mercado.

Qual o equívoco de base que compromete a coerência desse ideário? A suposição de que a sociedade de mercado é uma entidade operatória à qual se acrescentam ou se retiram valores confome as circunstâncias. Em outras palavras, essa sociedade não é percebida como uma formação social determinada pelo modo de produção capitalista que a regula, legitima e conserva por meio da política e da ideologia. Mas exatamente porque a classe dominante dessa sociedade afirma que o mercado é o lugar de criação e expressão da liberdade individual, que nele são criadas as condições para pensar a igualdade como igualdade de oportunidades, que a justiça social se define como merecimento nos ganhos ou perdas segundo se opere mais ou menos eficazmente com as regras mercantis, por afirmações desse tipo (repetidas e, enfim, interiorizadas pela sociedade inteira), o modo de produção capitalista não é uma operação econômica à qual poder ser visto como se agregam ideias e valores. Ele é uma estruturação da ação e do pensamento dos sujeitos sociais e políticos e não se pode pretender (como, aliás, sempre pretendeu a social-democracia) que seja possível jogar a água do banho sem jogar a criança junto.

A crermos no catecismo da terceira via, a nação é um dado cultural e não econômico-político, de sorte que a soberania do Estado-nação não pode mais ser tratada como uma questão política e de regulação econômica.

Assim sendo, a "globalização" impõe a criação de novas instituições internacionais que se encarreguem das políticas econômicas, sociais e militares que, outrora, estavam a cargo do falecido Estado nacional. Do lado da economia, surgem o Nafta, a Comunidade Econômica Europeia, o Pacto Andino, o Mercosul, a Organização da Unidade Africana, o Grula etc. A elas cabem as questões de mercado, de desemprego, de direitos sociais, que devem ser reguladas por um superorganismo, a Organização Mundial do Comércio. Devem surgir também instituições internacionais que se encarreguem da ecologia, do narcotráfico, do terrorismo e das guerras (tanto internas como externas), uma vez que a OTAN e a ONU não parecem suficientes e, sobretudo, são, de fato, desprovidas de poder autônomo.

Qual é, então, o lugar e o papel do Estado-nação? Instituir governos que negociem os interesses da comunidade nacional sem pretender representar o poder nacional ou a soberania nacional, expressões que o capital despojou de significado e função.

Se a nação é a comunidade cultural (de língua, religião, costumes), não cabe tratá-la como sociedade, ou seja, com divisão interna de classes, oposição entre grandes e pequenos, contradição entre ricos e pobres. Destarte, com o deslocamento da política para o campo internacional, o que é exatamente a política local? De um lado, ela é inócua e irrelevante, pois as questões fundamentais da sociedade não passam por ela – nela se consolida periodicamente o consenso quanto aos interesses que serão internacionalmente negociados. De outro, ela é um espetáculo destinado ao imaginário das massas: diante das incertezas econômicas e políticas, o que passa a valer é a personalidade do político (sua aparência na televisão, sua voz no rádio, sua foto nos jornais, seus hábitos sexuais, sua vida moral, seus amigos). Cristaliza-se, assim, a ideologia pós-moderna do efêmero, volátil e intimista que destrói as ideias e práticas republicanas e democráticas.

Num país como o Brasil, cuja sociedade é autoritária e jamais conheceu o Estado de Bem-Estar (o máximo a que se chegou foram as disposições do trabalhismo populista de Vargas e algumas conquistas dos trabalhadores nos anos 80-90), o neoliberalismo parece uma aberração, o pós-modernismo parece mais uma ideia fora do lugar e, a terceira via, um catecismo para incréus. No entanto, observando mais de perto, as coisas não são exatamente como parecem. De fato, o neoliberalismo nos cai como uma luva porque afirma ideias e práticas antidemocráticas; o pós-modernismo político nos assenta muito bem porque reforça o personalismo e responde adequadamente à forte tradição populista de nossa política; e a terceira via oferece um discurso apaziguador que dissolve contradições e conflitos com as ideias de "terceiro setor" e de "comunidade solidária", isto é, com a transferência das responsabilidades estatais para a benemerência dos ricos com relação aos pobres, reforçando a tradição assistencialista da sociedade brasileira.

A universidade na sociedade

Frequentemente, ouvimos uma pergunta: "qual é ou qual deve ser a relação da universidade com a sociedade?". Ou, então, esta outra: "como inserir a universidade na sociedade?". Essas perguntas são curiosas. De fato, se indagamos pela relação entre universidade e sociedade ou pelo modo de inserção da primeira na segunda, estamos pressupondo que a universidade teria alguma realidade extrassocial e política. Em outras palavras, estamos supondo que há duas realidades e que precisamos saber como se relacionam.

Ora, a universidade é uma *instituição social*. Isso significa que ela realiza e exprime de modo determinado a sociedade de que é e faz parte. Não é uma realidade separada e sim uma expressão historicamente determinada de uma sociedade determinada.

Comecemos observando como a universidade brasileira absorve e exprime as ideias e práticas neoliberais, hoje dominantes. Quando lemos artigos ou participamos de debates sobre a universidade, percebemos que alguns temas se tornaram hegemônicos. Quer os universitários se ponham a favor quer se ponham contra, todos trabalham com a mesma temática, que pode ser assim resumida:

1. aceitação da ideia de avaliação universitária sem nenhuma consideração sobre a situação do ensino de primeiro e segundo graus, como se a universidade nada tivesse a ver com eles e nenhuma responsabilidade lhe coubesse na situação em que se encontram;

2. aceitação da avaliação acadêmica pelo critério da titulação e das publicações, com total descaso pela docência, critério usado pelas universidades privadas norte-americanas nas quais a luta pelos cargos e pela efetivação é feita a partir dos critérios quantitativos da produção publicada e pela origem do título de PhD;

3. aceitação do critério de distribuição dos recursos públicos para pesquisa a partir da ideia de "linhas de pesquisa", critério que faz sentido para as áreas que operam com grandes laboratórios e com grandes equipes de pesquisadores, mas que não faz nenhum sentido nas áreas de humanidades e nos campos de pesquisa teórica fundamental;

4. aceitação da ideia de modernização racionalizadora pela privatização e terceirização da atividade universitária, a universidade participando da economia e da sociedade como prestadora de serviços às empresas privadas, com total descaso pela pesquisa fundamental e de longo prazo.

Seja para opor-se seja para defender essas ideias, o campo da discussão está predeterminado e predefinido pela ideologia neoliberal e pela alienação que ela acarreta. Essa temática indica uma estranha amnésia social e política. De fato, parece que nos esquecemos de que, durante a ditadura, a classe dominante, sob o pretexto de combate à subversão, mas, realmente, para servir aos interesses de uma de suas parcelas (os proprietários das escolas privadas), praticamente destruiu a escola pública de primeiro e segundo graus. Por que pôde fazê-lo? Porque, neste país, educação é considerada privilégio e não um direito dos cidadãos. Como o fez? Cassando seus melhores professores, abolindo a Escola Normal na formação dos professores do primeiro grau, inventando a Licenciatura Curta, alterando as grades curriculares, inventando os cursos profissionalizantes irreais, estabelecendo uma política do livro baseada no descartável e nos testes de múltipla escolha e, evidentemente, retirando recursos para manutenção e ampliação das escolas e, sobretudo, aviltando de maneira escandalosa os salários dos professores. Que pretendia a classe dominante ao desmontar um patrimônio público de alta qualidade? Que a escola de primeiro e segundo graus ficasse reduzida à tarefa de alfabetizar e treinar mão de obra barata para o mercado de trabalho. Isso que o editorial da *Folha de S.Paulo* chama de "avanço social" das crianças pobres.

Feita a proeza, a classe dominante aguardou o resultado esperado: os alunos de primeiro e segundo graus das escolas públicas, quando conseguem ir até o final desse ciclo, porque por suposto estariam "naturalmente" destinados à entrada imediata no mercado de trabalho, não devem dispor de condições para enfrentar os vestibulares das universidades públicas, pois não estão destinados a elas. A maioria deles é forçada ou a desistir da formação universitária ou fazê-la em universidades particulares que, para lucrar com sua vinda, oferecem um ensino de baixíssima qualidade. Em contrapartida, os filhos da alta classe média e da burguesia, formados nas boas escolas particulares, tornam-se a principal clientela da universidade pública gratuita. E, agora, temos que ouvir essa mesma classe dominante pontificar sobre como baixar custos e "democratizar" essa universidade pública deformada e distorcida que nos impuseram goela abaixo. Que é proposto como remédio? Para "baixar os custos", privatizar a universidade pública, baixar o nível da graduação e realizar, para a universidade, como versão-90, o que foi feito para o primeiro e o segundo graus na versão-70.

Como a universidade se mostra parte integrante e constitutiva do tecido social oligárquico, autoritário e violento que, como vimos, marca a sociedade brasileira?

1. Com relação ao corpo discente: a universidade pública tem aceitado passivamente a destruição do ensino público de primeiro e segundo graus, a privatização desse ensino, o aumento das desigualdades educacionais e um sistema que reforça privilégios porque coloca o ensino superior público a serviço das classes e grupos mais abastados, cujos filhos são formados na rede privada no primeiro e no segundo graus. Para agravar ainda mais esse quadro, alguns propõem "democratizar" a universidade pública fazendo-a paga, ainda que só devam pagar os "mais ricos". Procura-se remediar um problema destroçando o princípio ético-democrático do direito à educação.

2. Com relação ao corpo docente: na medida em que a economia opera com o desemprego e a inflação estruturais, ao mesmo tempo em que fragmenta e dispersa todas as esferas da produção, os trabalhadores industriais e dos

serviços, tendo perdido suas referências de classe e de luta, tendem à luta sob a forma corporativa de defesa das categorias profissionais. O corpo docente universitário tende, por sua vez, a imitar os procedimentos de organização e luta dos trabalhadores industriais e dos serviços, assumindo também a organização e a luta corporativas por empregos, cargos e salários. Ao fazê-lo, deixam as questões relativas à docência, à pesquisa, aos financiamentos e à avaliação universitária nas mãos das direções universitárias, perdendo de vista o verdadeiro lugar da batalha.

3. Com relação à docência: os universitários tendem cada vez mais a aceitar a separação entre docência e pesquisa, aceitando que os títulos universitários funcionem como graus hierárquicos de separação entre graduação e pós-graduação, em lugar de pensá-las integralmente. Além disso, e como consequência, aceitam a decisão das direções universitárias de reduzir a graduação e a escolarização – número absurdo de horas-aula, desconhecimento, por parte de estudantes e docentes, de línguas estrangeiras, miséria bibliográfica e informativa, ausência de trabalhos de laboratório e de pequenas pesquisas de campo etc. –, isto é, a redução da graduação a um segundo grau avançado para a formação rápida e barata de mão de obra com diploma universitário. Em contrapartida, aceitam que a pós-graduação seja o funil seletivo de docentes e estudantes, aos quais é reservada a verdadeira formação universitária.

4. Com relação às universidades federais: de um lado, aceitação acrítica do modo como foram criadas para servir aos interesses e prestígio de oligarquias locais que as transformaram em cabides de empregos para clientes e parentes, não lhes dando condições materiais – bibliotecas, laboratórios, sistema de bolsas e de auxílios – para funcionarem como verdadeiras universidades; de outro, desconsideração, por parte do Poder Executivo, das lutas das universidades federais para superarem essa

origem e se transformar em universidades propriamente ditas. Essa mescla de aceitação e combate, que perpassa as universidades federais, vem desgastando o corpo docente e discente, desgaste reforçado pela atitude do Estado que tende a reduzir os docentes à luta por cargos, salários e carreiras baseadas no tempo de serviço, em vez de baseadas na formação, pesquisa e apresentação de trabalhos relevantes para a ciência e as humanidades.

5. Com relação aos financiamentos das pesquisas: tendência à aceitação acrítica da privatização das pesquisas, perdendo de vista o papel público do trabalho de investigação. A aceitação dos financiamentos privados produz os seguintes efeitos principais: I. perda da autonomia ou liberdade universitárias para definir prioridades, conteúdos, formas, prazos e utilização das pesquisas, que se tornam inteiramente heterônomas; II. aceitação de que o Estado seja desincumbido da responsabilidade pela pesquisa nas instituições públicas; III. aceitação dos financiamentos privados como complementação salarial e fornecimento de infraestrutura para os trabalhos de investigação, privatizando a universidade pública; IV. desprestígio crescente das humanidades, uma vez que sua produção não pode ser imediatamente inserida nas forças produtivas, como os resultados das ciências; V. aceitação da condição terceiro-mundista para a pesquisa científica, uma vez que os verdadeiros financiamentos para pesquisas de longo prazo e a fundo perdido são feitos no Primeiro Mundo.

6. Com relação às agências públicas de financiamento de pesquisas: tendência das universidades a interiorizar as regras fixadas pelas agências, não distinguindo entre os critérios de financiamento (que dependem da lógica própria às agências) e os critérios das pesquisas (que dependem da lógica própria ao trabalho intelectual). Isso transparece, por exemplo, na fixação dos prazos para dissertações e teses, as universidades agora impondo aos seus pesquisadores os prazos determinados pelas

agências de financiamento. Ou, então, no uso dos critérios das agências para determinar e avaliar a produção universitária. Em suma, as universidades, de modo próprio, abdicam de sua autonomia para determinar e fixar suas próprias regras quanto à pesquisa e à docência.

Se, por outro lado, tivermos em mente os traços antidemocráticos e antirrepublicanos de nossa sociedade, como eles aparecem nas universidades? Podemos observar que estas se encontram institucionalizadas de maneira a reproduzir os aspectos autoritários da sociedade brasileira, pois nelas vemos:

1. reforço da carência e do privilégio, no caso do corpo discente; portanto, inexistência do princípio democrático da igualdade e da justiça;
2. reforço da perda de identidade e de autonomia, no caso do corpo docente; portanto, ausência do princípio democrático da liberdade;
3. reforço de privilégios e desigualdades, no caso do corpo docente, dividido hierarquicamente em professores e pesquisadores, reforço aumentado com a criação do Pronex, com desprezo pelo princípio democrático da ação comunicativa entre parceiros racionais, iguais e livres;
4. reforço dos privilégios e da heteronomia, no caso dos financiamentos privados às pesquisas e, portanto, presença da mentalidade conservadora que não espera do pensamento a transcendência que lhe permite ultrapassar uma situação dada numa situação nova, a partir da noção de possibilidade objetiva; o possível fica reduzido ao provável, e este, às condições imediatamente dadas;
5. reforço do poder burocrático e da perda da ideia de serviço público aos cidadãos, no caso do corpo administrativo; portanto, do princípio democrático da responsabilidade pública, do direito do cidadão à informação e da visibilidade administrativa;
6. reforço da submissão aos padrões neoliberais que subordinam os conhecimentos à lógica do mercado e,

portanto, ausência do princípio democrático da autonomia e da liberdade, de um lado, e da responsabilidade, de outro, uma vez que a utilização dos resultados científicos não é determinada pelos pesquisadores nem pelo poder público;

7. reforço da privatização do que é público, na medida em que as universidades públicas formam os pesquisadores com os recursos trazidos pela sociedade, mas os financiadores usam os pesquisadores para fins privados; portanto, ausência do princípio republicano da distinção entre o público e o privado e do princípio democrático que distingue os direitos e os interesses;

8. reforço da submissão à ideologia pós-moderna, que subordina as pesquisas ao mercado veloz da moda e do descartável, portanto, o abandono do princípio ético da racionalidade consciente e o princípio político da responsabilidade social;

9. reforço dos padrões autoritários, oligárquicos e violentos da sociedade brasileira pela ausência de controle interno da universidade por ela mesma e pela ausência de verdadeira prestação de contas das atividades universitárias à sociedade, portanto, o abandono do princípio democrático da informação dos e aos cidadãos.

2
Ventos do progresso: a universidade administrada[1]

> Considerando o âmbito de uma sociedade moderna, ao Estado compete rever e refortalecer os seus meios de distribuição do produto cultural ... Os canais de agora terão que reproduzir o esquema dos grandes supermercados, tornando o objeto cultural sempre mais acessível ... Política cultural para mim é uma ação conjugada em três níveis: o do produtor, o do distribuidor e o do consumidor ... Você estimula o produtor ... você estimula o distribuidor ... o consumo é sobretudo a formação de novas plateias.
>
> *Eduardo Portela*
> Ministro da Educação e Cultura

> Foi-lhes dado um novo lugar na sociedade, mas nem por isso os intelectuais podem desempenhar um novo papel. Porém, o que podem, precisamente, é negar-se a permanecer nele. E, para evitar as armadilhas que lhes são preparadas, nada melhor do que começar a examinar esse novo lugar que lhes foi atribuído.
>
> *Claude Lefort*

---

[1] Este texto foi originalmente publicado na revista *Almanaque*, n.19.

Analisando os movimentos estudantis de 1968, na Europa, muitos viram o fim da ilusão liberal, amplamente compartilhada pela esquerda, da educação como igual direito de todos e da seleção meritocrática, baseada na aptidão e no talento individuais.

Por imposição econômica, que levou ao aumento do tempo de escolarização, a fim de manter boa parte da mão de obra fora do mercado, estabilizando salários e empregos, e por imposição das transformações na divisão social do trabalho e no processo de trabalho, que levou à ampliação dos quadros técnico-administrativos,[2] a universidade europeia "se democratizou", abrindo suas portas para um número crescente de alunos que, anteriormente, teriam completado a escolaridade no liceu. Essa "democratização" acionou um conjunto de contradições que jaziam implícitas e vieram à tona em 1968.

Em primeiro lugar, a ideologia da igualdade educacional revelou seus limites reais, pois a partir do momento em que a maioria adquiriu a possibilidade de receber os estudos superiores, estes perderam sua função seletiva e se separaram de seu eterno corolário, isto é, a promoção social. Se todos podem cursar a universidade, a sociedade capitalista se vê forçada a repor, por meio de mecanismos administrativos e de mercado, os critérios de seleção. Isso implicou, em segundo lugar, a desvalorização dos diplomas, o aviltamento do trabalho e dos salários dos universitários e, finalmente, o puro e simples desemprego. Em terceiro lugar, e como consequência, a universidade se mostrou incapaz de produzir uma "cultura útil" (não fornecendo, na realidade, nem emprego nem prestígio), incapaz de funcionalidade, tornando-se um peso morto para o Estado, que passou a limitar-lhe recursos.

---

2 Cf. Braverman, H. *Trabalho e capital monopolista* – a degradação do trabalho no século XX. Rio de Janeiro: Zahar Editores, 1977. (Biblioteca de Ciências Sociais). Especialmente o capítulo "Trabalho produtivo e improdutivo".

Essa avaliação conduziu a pelo menos três tipos de propostas alternativas. Para alguns, tratava-se de explorar da melhor forma possível a ausência de funcionalidade do ensino superior, aproveitar sua independência com relação ao mercado e criar uma cultura nova que demolisse a divisão do trabalho intelectual e manual. Para outros, tratava-se de levar avante a improdutividade do ensino superior, substituindo a ideia de cultura "útil" pela de cultura "rebelde". Para muitos, enfim, a universidade, não podendo mais pretender criar o útil e sendo, por definição e essência, incapaz de criar o rebelde, deveria ser destruída para que se desfizesse a própria ideia de universidade, isto é, de "cultura separada".[3] Ao que tudo indica, nem na França, nem na Alemanha, nem na Itália, nem na Inglaterra, nenhuma dessas propostas-previsões se cumpriu. Certamente a atual universidade europeia não reproduz exatamente o pré-68 (as autoridades competentes aprenderam a lição), mas nem por isso a universidade acabou. Se não terminou e se, ao contrário, se transformou é porque algum papel lhe foi ainda atribuído pelo capitalismo, cuja lógica de bronze só conserva o que lhe serve. A que serve a universidade europeia do pós-68, não saberíamos dizer, mas é certo que lhe foi dado um novo papel a desempenhar.

Paradoxalmente, no Brasil, a explosão estudantil dos idos de 68 punha em questão o ideário liberal e autoritário, indo na direção de uma universidade crítica ("rebelde"). No entanto, ao ser reprimida pelo Estado, trouxe como consequência aquilo que teria sido, exatamente, o pré-68 europeu: uma reforma modernizadora da universidade, que deveria, com 12 anos de atraso, levar aos mesmos resultados da Europa de 1968. Sem o charme pré-revolucionário, evidentemente.

---

[3] Cf. Gorz, A. Destruir a universidade. *Revista de Filosofia* (Departamento de Filosofia, Centro Acadêmico João Cruz Costa, FFLCH-USP), n.1, 1974.

Assim pensam muitos dos que hoje analisam a chamada crise da universidade brasileira. Para esses, a crise é apenas o ponto de chegada de um caminho cujo traçado fora prefigurado pelas primaveras europeias. Exuberante lá, prosaico e monótono aqui.

Embora seja quase impossível falar em diferenças na atual fase do capitalismo mundial, pois existe apenas o Mesmo na infindável proliferação de sua diversidade, talvez seja prudente começar pelo particular – a universidade brasileira – antes de tentar as comparações. Não se trata, evidentemente, de sair à procura da "especificidade nacional", pois encontraríamos apenas abstrações sem o menor proveito. Trata-se simplesmente de compreender como se realiza no Brasil um processo cujas linhas-mestras são mundiais. Isso significa precisamente: como se realiza a modificação da universidade sem os recursos da democracia liberal? Quais os efeitos de uma reforma feita à sombra do Ato Institucional n.5 e do Decreto n.477?

O fato de que atualmente, no Brasil, as universidades tenham tomado a forma de pequenos guetos autorreferidos, internamente fracionados por divisões políticas e desavenças pessoais, aumenta sua semelhança com as congêneres espalhadas pelo mundo afora, mas não determina a identidade das causas. Contudo, é um sinal dos tempos. Creio que a universidade tem hoje um papel que alguns não querem desempenhar, mas que é determinante para a existência da própria universidade: criar incompetentes sociais e políticos, realizar com a cultura o que a empresa realiza com o trabalho, isto é, parcelar, fragmentar, limitar o conhecimento e impedir o pensamento, de modo a bloquear toda tentativa concreta de decisão, controle e participação, tanto no plano da produção material quanto no da produção intelectual. Se a universidade brasileira está em crise é simplesmente porque a reforma do ensino inverteu seu sentido e finalidade – em lugar de criar elites dirigentes, está destinada a adestrar mão de obra dócil para um mercado sempre incerto. E ela própria ainda não se sente bem treinada para isto, donde sua "crise".

Diretrizes da reforma universitária

Realizada a partir de 1968 para resolver a "crise estudantil", a reforma universitária foi feita sob a proteção do Ato Institucional n.5 e do Decreto n.477, tendo como pano de fundo uma combinação do Relatório Atacon (1966) e do Relatório Meira Mattos (1968). O primeiro preconizava a necessidade de encarar a educação como um fenômeno quantitativo que precisa ser resolvido com máximo rendimento e mínima inversão, sendo o caminho adequado para tal fim a implantação de um sistema universitário baseado no modelo administrativo das grandes empresas "com a direção recrutada na comunidade empresarial, atuando sob sistema de administração gerencial desvinculada do corpo técnico-científico e docente".[4] O segundo preocupava-se com a falta de disciplina e de autoridade, exigindo a recondução das escolas superiores ao regime de nova ordem administrativa e disciplinar; refutava a ideia de autonomia universitária, que seria o privilégio para ensinar conteúdos prejudiciais à ordem social e à democracia; e interessava-se pela formação de uma juventude realmente democrática e responsável que, ao existir, tornaria viável o reaparecimento das entidades estudantis de âmbito nacional e estadual. O Relatório Meira Mattos propõe uma reforma com objetivos práticos e pragmáticos, que sejam "instrumento de aceleração do desenvolvimento, instrumento do progresso social e da expansão de oportunidades, vinculando a educação aos imperativos do progresso técnico, econômico e social do país".[5]

Momentaneamente convertida em problema político e social prioritário, a universidade será reformada para erradicar a possibilidade de contestação interna e externa e

---

4 Baer, W. O crescimento brasileiro e a experiência desenvolvimentista. *Revista Estudos Cebrap*, n.20, p.17.
5 Chauí, M. de S. A reforma do ensino. *Revista Discurso*, n.8, 1977.

para atender às demandas de ascensão e prestígio sociais de uma classe média que apoiara o golpe de 64 e reclamava sua recompensa. O Ato n.5 e o Decreto n.477, inspirados no Relatório Meira Mattos, cumpriram a primeira tarefa. A reforma da universidade cumpriu a segunda, ampliando o acesso da classe média ao ensino superior. Como essa proeza deveria ser levada a cabo com o "máximo rendimento" e a "mínima inversão", vale a pena relembrar como isso foi de fato conseguido.

Uma primeira modificação importante foi a departamentalização. No antigo projeto da Universidade de Brasília, concebido por Darcy Ribeiro, a departamentalização tinha por finalidade democratizar a universidade, eliminando o poder das cátedras e transferindo para o corpo docente o direito às decisões. Na reforma, departamentalização significou outra coisa. Consistiu em reunir num mesmo departamento todas as disciplinas afins, de modo a oferecer cursos num mesmo espaço (uma única sala de aula), com o menor gasto material (desde o giz e o apagador até mesas e carteiras) e sem aumentar o número de professores (um mesmo professor devendo ministrar um mesmo curso para maior número de alunos). Além de diminuir os gastos, a departamentalização facilita o controle administrativo e ideológico de professores e alunos.

Outra modificação foi a matrícula por disciplina (o curso parcelado e por créditos), que leva a uma divisão das disciplinas em obrigatórias e optativas, mas fazendo que as obrigatórias para um aluno possam ser optativas para outro, de modo que alunos de cursos diferentes possam seguir a mesma disciplina, ministrada na mesma hora pelo mesmo professor numa mesma sala de aula. Segundo o texto da reforma, essa operação visa aumentar a "produtividade" do corpo docente, que passa a ensinar as mesmas coisas para maior número de pessoas.

Foi inventado o curso básico. No texto da reforma, a justificativa para sua implantação é o melhor aproveitamento da "capacidade ociosa" de certos cursos, isto é, daqueles cursos que recebem poucos estudantes e dão prejuízo ao Estado, além de evitar o crescimento do corpo docente naqueles cursos que recebem grande quantidade de alunos e que exigiriam a contratação de maior número de professores. Ocupando vários professores dos cursos "ociosos" no básico, o prejuízo desaparece e não há necessidade de gastos com outras contratações. Além dessa finalidade, o básico ainda possui uma outra, qual seja, a de se tornar o verdadeiro vestibular, interno e dissimulado, propenso a causar menos celeuma do que o vestibular explícito. Assim, enquanto o vestibular permite aumentar o número dos que acedem à universidade, controlando os riscos sociais da insatisfação, o básico seleciona os estudantes segundo um critério que todos consideram perfeitamente justo, isto é, o do aproveitamento.

A unificação do vestibular por região e o ingresso por classificação tiveram a finalidade de permitir o preenchimento de vagas em cursos pouco procurados, forçando o aluno à opção, quando não o força a matricular-se nas escolas particulares que, sem tal recurso, seriam menos procuradas. O curso básico e o vestibular unificado produzem o que a reforma do ensino denomina "unificação do mercado de ensino universitário". Por seu turno, o vestibular classificatório visa impedir as reivindicações de estudantes aprovados, porém, com médias baixas, deixando por conta das "opções" a tarefa de controlar "possíveis tensões da demanda", ao mesmo tempo que torna o gasto estatal proporcionalmente baixo para atender a essa demanda.

A fragmentação da graduação, dispersando estudantes e professores, visa impedir a existência acadêmica sob a forma da comunidade e da comunicação – não há "turmas" e sim conglomerados humanos que se desfazem ao final de cada semestre. Por outro lado, as licenciaturas curtas em ciências, estudos sociais e comunicação-expressão permitem, a curto prazo, satisfazer a demanda crescente dos estudantes e mantê-los por pouco tempo nas escolas, diminuindo gastos, enquanto, a longo prazo, aumentando a oferta de mão de obra para os cursos médios, garantem a baixa remuneração do professorado.

Enfim, a institucionalização da pós-graduação, ao recuperar a verticalidade do ensino universitário, repõe a discriminação socioeconômica que fora abrandada na graduação. Sua finalidade aparente é a formação de pesquisadores de alto nível, de professores universitários e de mão de obra altamente qualificada para as burocracias empresariais e estatais. Sua finalidade real, porém, é bem outra. Por seu intermédio, a expansão do ensino universitário é contida, ao mesmo tempo que permite, no interior da universidade, comandar a carreira e, portanto, a estrutura de poder e de salários, enquanto, fora da universidade, além de conferir prestígio simbólico, discrimina a oferta de trabalho: o pós-graduado, além de mais bem remunerado, lança o graduado na condição de diplomado degradado – um peão universitário.

Essa descrição, bastante sumária, da reforma da universidade torna visíveis pelo menos dois aspectos relevantes.

Em primeiro lugar, o significado da chamada massificação. Costumamos dizer que houve massificação do ensino universitário porque aumentou o número de estudantes e abaixou o nível dos cursos, rebaixamento que se deve não apenas à desproporção entre corpo docente e quantidade de alunos, mas também ao estado de degradação do ensino médio. O fato de que o elemento quantitativo predomine sob todos os aspectos (desde a proporção inteiramente arbitrária que se estabelece entre o número de alunos por professor, sem nenhuma consideração sobre a natureza do curso a ser ministrado, até o sistema de créditos por horas-aula) é suficiente para aquilatarmos a massificação. Porém, há um ponto que nossas análises costumam deixar na sombra, a saber, que a ideia de massificação tem como pressuposto uma concepção elitista do saber. Com efeito, se a reforma pretendeu atender às demandas sociais por educação superior, abrindo as portas da universidade, e se com a entrada das "massas" na universidade não houve crescimento proporcional da infraestrutura de atendimento (bibliotecas, laboratórios) nem do corpo docente, é porque está implícita a ideia de que para a "massa" qualquer saber é suficiente, não sendo necessário ampliar a universidade de modo a fazer que o aumento da quantidade não implicasse diminuição da qualidade.

Em segundo lugar, torna-se visível que a educação passou a ser um negócio do Ministério do Planejamento, muito mais do que um assunto do Ministério de Educação e Cultura. Ou melhor, este último é um mero apêndice do primeiro.

Perfil da universidade

Examinando as ideias que nortearam a reforma do ensino, em geral, e da universidade, em particular, percebemos que três delas nunca foram abandonadas nos sucessivos remanejamentos educacionais. Foram sempre mantidas aquelas ideias que vinculam a educação à segurança nacional, ao desenvolvimento econômico nacional e à integração nacional. Enquanto a ideia de segurança deixa nítida a dimensão política da escola, sendo frequentemente substituída, no ensino primário e médio, pelas de civismo e brasilidade, enquanto no ensino superior surge como discussão de problemas brasileiros, as outras duas ideias assinalam a dimensão econômica da educação. Assim, a noção de segurança terá um papel ideológico definido, enquanto as de desenvolvimento econômico e de integração determinarão a forma, o conteúdo, a duração, a quantidade e a qualidade de todo o processo educacional, do primeiro grau à universidade.

Se, outrora, a escola foi o lugar privilegiado para a reprodução da estrutura de classes, das relações de poder e da ideologia dominante, e se, na concepção liberal, a escola superior se distinguia das demais por ser um bem cultural das elites dirigentes, hoje, com a reforma do ensino, a educação é encarada como adestramento de mão de obra para o mercado. Concebida como capital, é um investimento e, portanto, deve gerar lucro social. Donde a ênfase nos cursos profissionalizantes do ensino médio e nas licenciaturas curtas ou longas em ciências, estudos sociais e comunicação-expressão, no caso das universidades.

Além de evidenciarem as determinações econômicas da educação, as ideias de desenvolvimento econômico nacional e de integração nacional possuem também uma finalidade ideológica, isto é, legitimar perante a sociedade a concepção do ensino e da escola como capital. Afirmando-se que a educação é fator primordial de desenvolvimento econômico da Nação, afirma-se que, a longo prazo, ela beneficia igualmente a todos e que seu crescimento bruto é, em si e por si, índice de democratização. Afirmando-se que a educação é fator de integração nacional, afirma-se que ela racionaliza e unifica a vida social, moderniza a nação, gerando progresso que, a longo prazo, beneficia igualmente a todos. Como o desenvolvimento é nacional, a dimensão de classe da educação é anulada. Como a integração é nacional, a reprodução das relações de classe pela mediação da estrutura ocupacional definida pela escolarização também é ocultada.

Desvinculando educação e saber, a reforma da universidade revela que sua tarefa não é produzir e transmitir a cultura (dominante ou não, pouco importa), mas treinar os indivíduos a fim de que sejam produtivos para quem for contratá-los. A universidade adestra mão de obra e fornece força de trabalho.

Por outro lado, com a subordinação da universidade ao Ministério do Planejamento, o ensino superior passa a funcionar como uma espécie de "variável flutuante" do modelo econômico, que ora é estimulada com investimentos ora é desativada por cortes de verbas, segundo critérios totalmente alheios à educação e à pesquisa, pois determinados exclusivamente pelo desempenho do capital. Sob esse aspecto, educação e cultura voltam a ser vinculadas: a cultura também passa a ser tomada como investimento e consumo, variável do Planejamento. E é pensada dessa maneira; os pronunciamentos do ministro da Educação, que servem de epígrafe a este texto, o comprovam sobejamente.

Muitos têm contestado essa interpretação, alegando que a universidade não cria força de trabalho nem adestra mão de obra pelo simples fato de que tal função é preenchida rápida e eficazmente pelas empresas contratantes, capazes de criar em pouco tempo e a baixo custo a mão de obra de que precisam. Nessa perspectiva, a universidade, além de ter perdido sua antiga função ideológica e política, também não teria adquirido uma função econômica, sendo uma instituição anacrônica, um peso morto nas costas do Estado, um elemento irracional e não um fator de racionalização. Por outro lado, ela seria politicamente indesejável para o Estado, na medida em que os dirigentes não saem dos quadros letrados, mas de outros segmentos sociais. Aliás, por estar desprovida de toda e qualquer função, a universidade se torna um foco permanente de frustrações e de ressentimentos, de modo que sua falta de sentido econômico, aliada à sua falta de expressão política a encerram numa rebeldia potencial e sem futuro. Ampliada para receber os filhos da classe média, a universidade não lhes oferece vantagens materiais nem prestígio social. Desemprego, desistência e evasão – eis as provas do não senso universitário.

Não creio ser possível concordar plenamente com essa análise porque parece perder de vista a articulação entre o econômico e o político por não haver uma relação imediatamente funcional entre ambos e porque parece supor, um pouco à maneira dos progressistas, que só tem função econômica aquilo que permite avanço político e vice-versa. Além disso, parece haver nessa análise uma certa confusão entre a antiga universidade de cunho liberal e a reformada, incapaz de realizar as finalidades da primeira – o que, afinal, não é espantoso, mas necessário.

A universidade liberal, de fato, tornou-se anacrônica e indesejável no Brasil. Baseada na ideia de elites intelectuais dirigentes, de formação e condução do espaço público como espaço de opiniões, de equalização social por meio da escola, de racionalidade da vida social pela difusão da cultura, a universidade liberal, como a Faculdade de Filosofia, Ciências e Letras da Universidade de São Paulo, está agonizando. É sua agonia prolongada que aparece como crise. É sua modernização a toque de caixa que a faz aparecer como irracional e inútil, incapaz de atender às exigências de mercado, criando os futuros desempregados.[6] Mas isso não significa, de modo algum, que a determinação econômica da universidade reformada seja inexistente, pois até mesmo a oscilação entre seu financiamento e sua desativação intermitentes nas mãos do Planejamento é sinal seguro de sua importância variável no quadro do modelo econômico. Dizer que o financiamento e a desativação são alheios à educação e à pesquisa como tais não implica eliminar a existência econômica de ambas. Pelo contrário, a dependência orçamentária mostra ser esta uma de suas únicas formas de existência. Não é possível desvincular a implantação das licenciaturas (curtas e, agora, longas) em ciências, estudos sociais e expressão-comunicação e as funções econômicas da universidade.

---

[6] Entrevistado no Canal 2, TV Cultura de São Paulo, o reitor da USP Waldir Oliva afirmou que o problema do desemprego ou da falta de mercado de trabalho para os universitários licenciados pode ser resolvido pelo remanejamento das vagas, isto é, cursos cuja oferta é superior à demanda no mercado de trabalho deverão ter o número de vagas diminuído, enquanto cursos com grande oferta devem ter o número de vagas ampliado.

Em segundo lugar, é importante lembrar que a falta imediata de empregos para os licenciados não significa ausência de determinação econômica, a menos que consideremos extraeconômica a criação de um exército letrado de reserva. Negar que a universidade adestre mão de obra é não perceber o significado preciso desse adestramento: a difusão e expansão do ensino médio, encarregado inicialmente dessa tarefa, por ter sido acompanhada da ampliação do ensino superior, devida a razões políticas, muito mais do que econômicas, levou a transferir para a universidade uma parcela das atribuições do ciclo médio profissionalizante, pois os empregados passam a fazer exigências maiores aos candidatos a empregos, não em decorrência de uma necessidade real de instrução avançada, mas simplesmente em virtude da disponibilidade de diplomados. Assim, por bem ou por mal, a universidade está encarregada de um treinamento genérico e prévio que será completado e especializado pelas empresas.

Quando se alega que a universidade não treina mão de obra, pois quem o faz realmente é a empresa, imagina-se implicitamente que, para possuir verdadeira função econômica, a universidade deveria formar até o fim a força de trabalho intelectual, coisa que ela não é capaz de fazer. Com isso, perde-se o nervo da questão, ou seja, o modo peculiar de articulação entre o econômico e o político: *a universidade, exatamente como a empresa, está encarregada de produzir incompetentes sociais, presas fáceis da dominação e da rede de autoridades*. A universidade adestra sim, como a empresa também o faz. O fato de que a formação universitária possa ser encurtada e simplificada e que a empresa possa "qualificar" em algumas horas ou em alguns dias prova simplesmente que quanto mais cresce o acervo cultural e tecnológico, assim como o próprio saber, *tanto menos se deve ensinar e tanto menos se deve aprender*. Já que, do contrário, a universidade, em particular, e a educação, em geral, ofereceriam aos sujeitos sociais algumas condições de controle de seu trabalho, algum poder de decisão e de veto, e alguma concreticidade à reivindicação de participação (seja no processo educativo seja no processo de trabalho). Ignorar que adestramento e treinamento, só porque nem sempre equilibram oferta e procura no mercado de empregos, são procedimentos econômicos e políticos destinados à exploração e à dominação é ignorar o novo papel que foi destinado ao trabalho universitário.

Apêndice do Ministério do Planejamento, a universidade está estruturada segundo o modelo organizacional da grande empresa, isto é, tem o rendimento como fim, a burocracia como meio e as leis do mercado como condição. Isso significa que nos equivocamos quando reduzimos a articulação universidade-empresa ao polo do financiamento de pesquisas e do fornecimento de mão de obra, pois a universidade encontra-se internamente organizada conforme o modelo da grande empresa capitalista. Assim sendo, além de participar da divisão social do trabalho, que separa trabalho intelectual e manual, a universidade ainda realiza em seu próprio interior uma divisão do trabalho intelectual, isto é, dos serviços administrativos, das atividades docentes e da produção de pesquisas.

A fragmentação da universidade ocorre em todos os níveis, tanto nos graus do ensino quanto nos da carreira, tanto nos cargos administrativos e docentes quanto nos de direção. O taylorismo é a regra. Isso significa, em primeiro lugar, que a fragmentação não é casual ou irracional, mas deliberada, pois obedece ao princípio da empresa capitalista moderna: separar para controlar. Em segundo lugar, significa que a fragmentação do ensino e da pesquisa é o corolário de uma fragmentação imposta à cultura e ao trabalho pedagógico pelas ideias de especialização e de competência, e, sobretudo, que a reunificação do dividido não se fará por critérios intrínsecos ao ensino ou à pesquisa, mas por determinações extrínsecas, ou seja, pelo rendimento e pela eficácia. Em terceiro lugar, a imposição deliberada de uma vida cultural fragmentada, fundada na radical separação entre decisão e execução, conduz a uma unificação bastante precisa: a da administração burocrática. O que caracteriza a burocracia é a hierarquia funcional de postos e cargos, que, por sua vez, determina uma hierarquia de salários e de autoridade, um sistema de poder no qual cada um sabe quem o comanda diretamente e a quem comanda diretamente, sem que seja possível uma visão do conjunto e a determinação de responsabilidades. Por seu turno, a administração, forma contemporânea da racionalidade capitalista, implica a total exterioridade entre as atividades universitárias de ensino e pesquisa e sua direção ou controle.

Com efeito, no mundo contemporâneo, universo de equivalências mercantis, em que tudo vale por tudo e nada vale nada, administrar significa simplesmente impor a não importa qual realidade, objeto ou situação o mesmo conjunto de princípios, normas e preceitos cujo formalismo vazio se aplica sobre tudo quanto se queira. Do ponto de vista administrativo, não havendo especificidades nem diferenças, tudo que existe é, de fato e de direito, homogêneo e subordinável às mesmas diretrizes. Nessa perspectiva, não há a menor diferença entre a Volkswagen, a Petrobras ou a universidade.

Submetendo a universidade à administração burocrática, o modelo organizacional permite, enfim, a separação entre os dirigentes universitários e o corpo de professores, alunos e funcionários. De fato, os altos escalões administrativos das universidades públicas não diferem de seus congêneres nas universidades particulares, embora nestas últimas haja, pelo menos, a vantagem da visibilidade dos laços entre direção e propriedade. Nas universidades públicas, o cerimonial burocrático obscurece um aspecto essencial, ou seja, que os dirigentes só em aparência pertencem ao corpo universitário (são professores, em geral), quando, na realidade, são prepostos do Estado no interior da universidade. Dessa maneira, a unificação administrativa e burocrática da universidade significa, além da exterioridade entre direção e educação/cultura, a presença da tutela e vigilância estatais determinando a natureza do trabalho a ser executado. Ligados ao aparelho do Estado e desligados da coletividade universitária, os órgãos dirigentes reduzem o corpo docente, discente e de funcionários à condição passiva de executantes de ordens superiores cujo sentido e finalidade devem permanecer secretos, pois é do sigilo que a burocracia recebe poder.

Podemos, então, caracterizar a universidade pública brasileira como uma realidade completamente heterônoma. A heteronomia é econômica (orçamento, dotações, bolsas, financiamentos de pesquisas, convênios com empresas não são decididos pela própria universidade), é educacional (currículos, programas, sistemas de créditos e de frequência, formas de avaliação, prazos, tipos de licenciaturas, revalidação de títulos e de diplomas, vestibulares e credenciamento dos cursos de pós-graduação não são decididos pela universidade), é cultural (os critérios para fixar graduação e pós-graduação, a decisão quanto ao número de alunos por classe e por professor, o julgamento de currículos e títulos, a forma da carreira docente e de serviços são critérios quantitativos determinados fora da universidade), é social e política (professores, estudantes e funcionários não decidem quanto aos serviços que desejam prestar à sociedade, nem decidem a quem vão prestá-los, de modo que a decisão quanto ao uso do instrumental cultural produzido ou adquirido não é tomada pela universidade). A afirmação da autonomia universitária ora é uma burla safada ora um ideal impossível.

Universidade e cultura

Posta pela divisão social do trabalho do lado "improdutivo", na sociedade capitalista a cultura deverá, de algum modo, compensar essa "improdutividade". A compensação, efetuada de várias maneiras, resulta sempre no mesmo, ou seja, na instrumentalização da produção cultural.

Grosso modo, existem três formas imediatas e visíveis de instrumentalização da cultura: aquela efetuada pela educação, tanto para reproduzir relações de classe e sistemas ideológicos quanto para adestrar mão de obra para o mercado; aquela que transforma a cultura em coisa valiosa em si e por si, numa reificação que esgota a produção cultural na imagem do prestígio de quem a faz e de quem a consome; e aquela conseguida por meio da indústria cultural, que, além de vulgarizar e banalizar as obras culturais, conserva a mistificação da cultura como valor em si, ao mesmo tempo que veda seu acesso real à massa dos consumidores.

Há, porém, duas outras maneiras de instrumentalizar a cultura, mais sutis e perigosas. A primeira, partindo da indústria cultural, consiste em convencer cada indivíduo de que estará fadado à exclusão social se cada uma de suas experiências não for precedida de informações competentes que orientem sua ação, seus sentimentos, desejos e fins. A cultura se transforma em guia prático para viver corretamente (orientando a alimentação, a sexualidade, o trabalho, o gosto, o lazer) e, consequentemente, em poderoso elemento de intimidação social. A segunda consiste em confundir conhecimento e pensamento. Conhecer é apropriar-se intelectualmente de um campo dado de fatos ou de ideias que constituem o saber estabelecido. Pensar é enfrentar pela reflexão a opacidade de uma experiência nova cujo sentido ainda precisa ser formulado e que não está dado em parte alguma, mas precisa ser produzido pelo trabalho reflexivo, sem outra garantia senão o contato com a própria experiência. O conhecimento se move na região do instituído; o pensamento, na do instituinte.

A universidade brasileira está encarregada dessa última forma de instrumentalização da cultura. Reduz toda a esfera do saber à do conhecimento, ignorando o trabalho do pensamento. Limitando seu campo ao do saber instituído, nada mais fácil do que dividi-lo, dosá-lo, distribuí-lo e quantificá-lo. Em uma palavra: administrá-lo.

No entanto, quando nos acercamos das queixas feitas pelos universitários no tocante à produção cultural, as discussões enveredam por outros caminhos.

Assim, no que tange à area de produção científica ligada à tecnologia, afirma-se que o sistema econômico é de tal modo dependente que bloqueia toda pesquisa autônoma, forçando a universidade a limitar-se ao adestramento de aplicadores do *know-how* estrangeiro.

Na área das humanidades, afirma-se que o sistema socioeconômico é de tal modo avesso à própria ideia de cultura, encontra-se a tal ponto imerso no puro tecnicismo, que anula o sentido das humanidades, relegadas à condição de ornamento ou de anacronismo tolerado.

No que concerne à adequação entre universidade e sociedade, muitos se sentem fascinados pela modernização, isto é, pela racionalidade administrativa e pela eficácia quantitativa, opondo-se àqueles que lamentam o fim de uma universidade onde ensinar era uma arte e pesquisar, a tarefa de uma vida.

Essas observações, que exprimem o desencanto dos universitários como produtores de cultura, embora verdadeiras, são parciais.

É bastante duvidoso, por exemplo, identificar autonomia cultural e autonomia nacional, não só porque essa identificação abre comportas para ideologias nacionalistas (em geral, de cunho estatista), mas sobretudo porque obscurece o essencial: por um lado, a divisão em classes da sociedade brasileira, e, por outro, o capitalismo como fenômeno mundial que determina suas formas particulares de realização pela mediação do Estado nacional. Sem dúvida, a heteronomia econômica é real, mas não porque haja dependência e sim porque há a lógica própria do imperialismo como capitalismo do capital financeiro que abole inteiramente qualquer possibilidade de autonomia nacional – seja para o "centro" seja para a "periferia" do sistema. O fundamental não é indagar: que pesquisas científicas servem ao Brasil?, mas: a quem, no Brasil, servem as pesquisas científicas?

A oposição muito imediata entre humanismo e tecnicismo também pode revelar-se um tanto ilusória. Não podemos nos esquecer de que o humanismo moderno nasce como ideal de domínio técnico sobre a natureza (pela ciência) e sobre a sociedade (pela política), de sorte que o chamado homem ocidental moderno não é a negação do tecnocrata, mas um de seus ancestrais. O homem moderno, na qualidade de sujeito do conhecimento e da ação, é movido pelo desejo de dominação prática sobre a totalidade do real. Para tanto, precisa elaborar a ideia da objetividade desse real a fim de torná-lo susceptível de domínio, controle, previsão e manipulação. Na condição de sujeito do conhecimento, isto é, de consciência instituidora de representações, o homem moderno cria um conjunto de dispositivos teóricos e práticos, fundados na ideia moderna de objetividade como determinação completa do real, possibilitando a realização do adágio baconiano: "saber é poder". Se a ciência e a técnica manipulam as coisas, "recusando-se a habitá-las",[7] é porque foram convertidas em objetividades, isto é, em representações controláveis, e essas representações são um feito do sujeito moderno. Ora, para tornar-se sujeito das representações e dos dispositivos práticos, foi preciso que o homem moderno se desse um lugar. O sujeito, como constituidor das representações, ocupa o lugar do puro observador, isto é, instala-se num polo separado das coisas e graças a essa separação pode dominá-las. Consciência soberana, porque destacada dos objetos, o homem ocupa exatamente o mesmo tipo de lugar (separado e externo) que, na sociedade moderna, ocupam o poder e sua figuração, o Estado. O lugar do poder, no mundo moderno,

---

[7] Merleau-Ponty, M. *L'oeil et l'espirit*. Paris: Gallimard, 1964. p.9.

é o lugar separado. Instalando-se como polo separado das coisas, o sujeito dá a si mesmo a marca própria do moderno poder. É este o sentido profundo do adágio baconiano, pois Bacon dizia que a melhor maneira de dominar a Natureza era começar por obedecer-lhe, definindo, portanto, a relação de conhecimento e a relação técnica como relação de mando e submissão, isto é, sob a forma da dominação. Assim, opor de maneira muito imediata humanismo e tecnicismo não leva muito longe, pois são resultados diversos da mesma origem. Para que a oposição humanidades/tecnocracia adquirisse um novo sentido seria preciso, talvez, um pensamento novo para o qual a subjetividade, a objetividade, a teoria e a prática fossem questões abertas e não soluções já dadas. Um pensamento que, abandonando o ponto de vista da consciência soberana, pensasse na fabricação das consciências e das relações sociais e estivesse sempre atento para o problema da dominação do homem sobre o homem e que se chama: luta de classes.

Retomando meu ponto de partida, eu ousaria dizer que não somos produtores de cultura somente porque somos economicamente "dependentes", ou porque a tecnocracia devorou o humanismo, ou porque não dispomos de verbas suficientes para transmitir conhecimentos, mas sim porque a universidade está estruturada de tal forma que sua função seja: *dar a conhecer para que não se possa pensar*. Adquirir e reproduzir para não criar. Consumir, em lugar de realizar o trabalho da reflexão. Porque conhecemos para não pensar, tudo quanto atravessa as portas da universidade só tem direito à entrada e à permanência se for reduzido a um conhecimento, isto é, a uma representação controlada e manipulada intelectualmente. É preciso que o real se converta em coisa morta para adquirir cidadania universitária.

Dessa situação resultam algumas consequências que convém examinar.

Do lado do corpo docente, leva à adesão fascinada à modernização e aos critérios do rendimento, da produtividade e da eficácia. Para muitos de nós, que não aderimos à mística modernizadora, parece incompreensível a atitude daqueles colegas que se deixam empolgar pela contagem de horas-aula, dos créditos, dos prazos rígidos para conclusão de pesquisas, pela obrigatoriedade de subir todos os degraus da carreira (que são graus burocraticamente definidos), do dever da presença física nos *campi* (para demonstrar prestação de serviço), pela confiança nos critérios quantitativos para exprimir realidades qualitativas, pela corrida aos postos e aos cargos. Para muitos, a adesão ao "moderno" aparece como abdicação do espírito de cultura. Não é bem verdade. Aqueles que aderiram ao mito da modernização simplesmente interiorizaram as vigas mestras da ideologia burguesa: do lado objetivo, a aceitação da cultura pelo viés da razão instrumental, como construção de modelos teóricos para aplicações práticas imediatas; do lado subjetivo, a crença na "salvação pelas obras", isto é, a admissão de que o rendimento, a produtividade, o cumprimento dos prazos e créditos, o respeito ao livro de ponto, a vigilância sobre os "relapsos", o crescimento do volume de publicações (ainda que sempre sobre o mesmo tema, nunca aprofundado porque apenas reescrito), são provas de honestidade moral e seriedade intelectual. Para boa parte dos professores, além do benefício dos financiamentos e convênios, a modernização significa que, enfim, a universidade se tornou útil e, portanto, justificável. Realiza a ideia contemporânea da racionalidade (administrativa) e alberga trabalhadores honestos. Em que pese a visão mesquinha da cultura aí implicada, a morte da arte de ensinar e do prazer de pensar, esses professores se sentem enaltecidos pela consciência do dever cumprido, ainda que estúpido. Evidentemente, não entram aqui os casos de pura e simples má-fé – isto é, dos colegas que usam a universidade não tanto para ocultar sua incompetência, mas para vigiar e punir os que ousam pensar.

Do lado dos estudantes, a tendência é oposta. Recusando a razão instrumental, a maioria dos estudantes se rebela contra a estupidez modernizante, e essa rebelião costuma assumir duas formas: a valorização imediata do puro sentimento contra a falsa objetividade do conhecimento, ou a transformação da Tese 11 Contra Feuerbach em palavra de ordem salvadora, pedra de toque contra a impotência universitária. Embora compreensíveis, essas atitudes não deixam de ser preocupantes.

A valorização imediatista e absolutizadora do sentimento sempre foi uma arma poderosa para políticas fascistas que promovem a exacerbação dos afetos, mas impedem sua elaboração reflexiva, gerando, com isso, frustrações que permitem canalizar a vida afetiva para conteúdos políticos determinados. À política fascista interessa a explosão dos sentimentos desde que possa impedir seu fluxo e curso naturais, desviando-os para objetivos determinados pelo poder. Este passa, então, a manipulá-los segundo suas regras e desígnios, entre os quais ocupam lugar privilegiado a infantilização, necessária ao culto da autoridade, e o medo, necessário para a prática do terror. O sentimento comunitário, construído sobre a "imediatidade" dos afetos, sem elaboração e sem reflexão, se transforma em sentimento gregário, numa passividade agressiva, pronta a investir contra tudo quanto surja como outro, pois quem estiver fora do agregado só pode ser seu inimigo. Som e fúria, dependência e agressão, medo e apego à autoridade – esse costuma ser o saldo de uma realidade constituída apenas por manipuladores e manipulados.

Quanto ao apego dogmático e igualmente imediatista à Tese 11, é certo que também resulta em autoritarismo. Este pressupõe um saber já dado (a "teoria" como modelo explicativo acabado), uma prática já dada (os efeitos passados erigidos em ações exemplares a imitar ou evitar), um discurso já dito (as palavras de ordem de "eficácia" comprovada). O autoritarismo, erguido sobre o já sabido, já feito e já proferido, inutiliza a necessidade de pensar, aqui e agora. A defesa dogmática da Tese 11 (além de despojá-la do contexto histórico e prático que lhe dava sentido) supõe a admissão da inutilidade do pensamento e da reflexão na compreensão do real, levando à crença na possibilidade de passar imediatamente à sua transformação, porque já existiria, pronta e acabada, a explicação definitiva – uma "ciência", costuma-se dizer – à espera de aplicação. Sob o ativismo transformista esconde-se o medo de enfrentar o real como algo a ser compreendido e que, sendo histórico, está sempre na encruzilhada do saber e do não saber. Abdicando da necessidade de pensar, de desentranhar o sentido de uma experiência nova e os caminhos de uma ação por fazer, os estudantes tendem a reduzir o trabalho teórico à repetição *ad nauseam* de modelos abstratos e a prática à aplicação mecânica desses modelos, sob a forma de tática e estratégias. Dessa maneira, não é apenas o trabalho do pensamento que se perde, mas a própria ideia da ação como práxis social, uma vez que a atividade, longe de ser a criação de um possível histórico, se consome numa pura técnica de agir circunscrita ao campo do provável e do previsível.

A difícil questão: universidade democrática

> Trata-se, aqui, de universitários, de homens que profissionalmente se encontram, de algum modo, em íntima relação com combates espirituais, com as dúvidas e as críticas dos estudantes. Esses universitários procuram garantir, como lugar de trabalho, um meio completamente estranho, cortado dos demais e, no isolamento, exercem uma atividade limitada, cuja totalidade consiste em realizar uma universidade abstrata ... Nenhum laço é criado com os outros – nem com os universitários, nem com os estudantes, nem com os trabalhadores. Há, quando muito, o laço do dever ou da obrigação, pela qual se ministram cursos ou se faz assistência social, mas nenhum trabalho próprio e íntimo. Apenas o sentimento do dever, derivado e limitado, que não nasce do próprio trabalho. O laço com o outro, reduzido ao dever, é uma ação realizada sem a paixão por uma verdade percebida no doloroso escrúpulo do pesquisador, numa disposição de espírito ligada à vida, mas num absoluto contraste mecânico entre o teórico e prático.
>
> *Walter Benjamin*

Diante da escalada do "progresso" (entendido como organização administrativa e administrada da universidade), vem erguendo-se uma barreira para contê-la e, se possível, revertê-a. Essa barreira é a ideia de uma universidade democrática.

Por toda parte têm surgido, entre professores, estudantes e funcionários, propostas e práticas visando à democratização da universidade. Do lado dos professores, os esforços têm-se concentrado em duas direções principais: o fortalecimento das associações docentes como poder de pressão e o veto ante a burocracia universitária, e a luta pela diminuição da autoridade hierárquica pelo aumento da representação docente, discente e funcional nos órgãos colegiados e nos centros de decisão.

Por meio da pressão e da reivindicação por maior representação, sobretudo para os graus mais baixos da carreira, os professores têm-se empenhado pelo direito de conhecer e controlar os orçamentos universitários e na defesa da liberdade de ensino e pesquisa, denunciando a triagem ideológica e a desvalorização do trabalho docente e de investigação pelos critérios da quantidade. Assim, contra a burocracia administrativa, temos proposto o reforço dos parlamentos universitários; contra a falta de autonomia econômica, a abertura e controle dos orçamentos e verbas; e, enfim, contra a falta de autonomia cultural, a liberdade de ensino e de pesquisa e o critério da qualidade.

Ante o autoritarismo reinante nas universidades, essas propostas e algumas de suas conquistas têm significado um avanço político e cultural imenso, causando preocupações nos administradores universitários, que vêem aí uma ameaça ao seu poderio. O que não deixa de ser sintomático, pois, quando bem analisadas, nossas tentativas democratizantes não ultrapassam o quadro das exigências de uma democracia liberal!

De fato, nossas propostas não vão além do quadro liberal, na medida em que temos tido em mira uma democratização visando à transformação dos parlamentos universitários pelo aumento da representação, mas não chegamos a discutir o significado do grande obstáculo à democracia e que é a separação radical entre direção e execução. Queremos aumentar a representação nos órgãos de poder já existentes, queremos deles participar, mas em nenhum momento temos posto em dúvida sua necessidade e legitimidade. Por outro lado, temos defendido a liberdade de ensino e de pesquisa como defesa da liberdade de opinião (o que, neste país, é uma tarefa gigantesca, diga-se de passagem), de modo que a universidade é defendida por nós muito mais como *espaço público* (porque lugar da opinião livre), do que como *coisa pública* (o que suporia uma análise de classes). A universidade, se fosse entendida como coisa pública, nos forçaria a compreender que a divisão social do trabalho não exclui uma parte da sociedade apenas do espaço público, mas sim do direito à produção de um saber e da cultura dita letrada. Como coisa pública, a universidade não torna os produtos mais rigorosos da cultura letrada imediatamente acessíveis aos não iniciados – isto seria reproduzir o ideal da gratificação instantânea do consumidor, própria da televisão – mas torna clara a diferença entre o direito de ter acesso à produção dessa cultura, e a ideologia que, em nome das dificuldades teóricas e das exigências de iniciação, faz dela uma questão de talento e de aptidão, isto é, um privilégio de classe.

A ideia de democracia é constituída pela articulação de algumas outras: pela ideia de comunidade política fundada na liberdade e igualdade, pelas ideias de poder popular, conflitos internos, elegibilidade e rotatividade de governantes. Isso significa que uma política e uma ideologia liberais são, por definição, avessas aos princípios democráticos, de modo que a existência de democracias liberais não se deve a uma decisão espontânea das classes dominantes, mas à ação da luta de classes, na qual as forças populares obrigam os dominantes a esse tipo de regime. Nessa medida, a democracia liberal não é uma falsa democracia, mas também não é a única realização democrática possível. É apenas uma realização historicamente determinada da democracia.

A democracia liberal define e articula de modo particular as ideias constitutivas da democracia, dando-lhes um conteúdo determinado. Assim, a ideia de comunidade, que no conceito originário de democracia se define pela presença de uma medida comum que torna os membros da coletividade equivalentes – essa medida é a liberdade pela qual será estabelecida a igualdade de condições na participação no poder e na repartição dos bens – é uma ideia inviável na sociedade de classes, dividida não apenas pelo conflito dos interesses, mas por diferenças que vão desde as relações de produção até a participação no poder e na cultura. Na democracia liberal, duas entidades deverão substituir a ideia de comunidade livre e igual: a Nação e o Estado. A primeira é a face subjetiva da "comunidade" de origem, de costumes, de território, produzindo uma identificação social que ignora a divisão das classes. A segunda é a face objetiva da "comunidade", figurando sob forma imaginária o interesse geral, acima dos interesses particulares. A liberdade será definida pela ideia de independência, o que, na verdade, reduz sua definição ao direito à propriedade privada, única a permitir a não dependência com relação a outrem (portanto, os "dependentes" não são livres). Essa ideia é incompatível com a de igualdade, evidentemente, pois o direito formal de todos à propriedade privada não possui a menor viabilidade concreta, uma vez que o sistema social no seu todo funda-se na desigualdade de classe. A igualdade, então, passa a ser definida pela propriedade privada do corpo e pela relação de contrato entre iguais (sendo todos proprietários de seus corpos e de suas vontades). A relação contratual é encarada como uma realidade jurídica, e por isso a igualdade será definida como igualdade perante a lei. Os conflitos, por seu turno, não sendo realmente conflitos de interesses, mas de classes, não podem ser trabalhados socialmente, sendo, então, apenas rotinizados por meio de canais institucionais que permitam sua expressão legal e, portanto, seu controle. As eleições, articuladas à ideia de rotatividade dos governantes, perdem seu caráter simbólico (isto é, de revelação periódica da origem do poder, pois durante o período eleitoral o lugar do poder achando-se vazio revela-se como não pertencendo a ninguém, mas espalhado pela sociedade soberana), para reduzir-se à rotina de substituição de governos (permanecendo o poder sempre ocupado). Enfim, a democracia liberal reforça a ideia de cidadania como direito à representação, de modo a fazer da democracia um fenômeno exclusivamente político, ocultando a possibilidade de encará-la como social e histórica. A ideia de representação recobre a de participação, reduzindo-a ao instante periódico do voto. A liberdade se reduz à de voz (opinião) e voto, e a igualdade, ao direito de ter a lei em seu favor e de possuir representantes.

Num país como o Brasil, de tradição fortemente autoritária, a democracia liberal sempre aparece como um grande passo histórico e político, toda vez que se julga poder implantá-la durante algum tempo. Por esse motivo, no quadro da universidade, é perfeitamente compreensível que a democratização permaneça no contexto liberal. Isso, porém, não nos impede de compreender uma possibilidade democrática para além dos limites liberais. Nesse caso, precisaríamos começar compreendendo que a democracia não é forma de um regime político, mas uma forma de existência social. Compreendida sob esse ângulo, ela nos permitiria perceber que o poder não se restringe à esfera do Estado, mas se encontra espalhado pelo interior de toda a sociedade civil sob a forma da exploração econômica e da dominação social veiculada pelas instituições, pela divisão social do trabalho, pela separação entre proprietários e produtores, dirigentes e executantes. A democracia, entendida como democracia social e política, também nos permitiria perceber como as divisões sociais operam no sentido de privatizar cada vez mais a existência social, reduzindo progressivamente o campo das ações comuns ou grupais, restringindo o espaço social ao espaço doméstico isolado (basta examinar o urbanismo contemporâneo para que essa privatização da vida salte aos olhos), mobilizando periodicamente os indivíduos para melhor despolitizá-los.

Seria preciso, também, que retomássemos o exame da ideia de representação antes de acoplá-la imediatamente à de participação. O ponto de apoio da dominação contemporânea, sob a forma da administração burocrática ou da Organização, é a separação operada entre direção e execução em todas as esferas da vida social (da economia ao lazer, passando pelas instituições sociais como a escola, o hospital, o espaço urbano, os transportes, as organizações partidárias, até o núcleo da produção cultural). Assim sendo, a questão democrática, antes de ser discussão sobre a cidadania como direito à representação, deveria ser a questão da concreticidade da própria cidadania – trata-se do *direito à gestão* da vida econômica, social, política e cultural por seus agentes. A democracia social e política, fundada numa cidadania concreta que começa no plano do trabalho, é a passagem dos objetos sociopolíticos que nos tornamos à condição de sujeitos históricos.

Encarada dessa perspectiva, a democracia coloca na ordem do dia o problema da violência, isto é, da redução de um sujeito à condição de coisa. Violência não é violação da lei – pois, neste caso, não poderíamos sequer falar em leis violentas. Mas é a posição, frequentemente sob a forma da lei, do direito de reduzir um sujeito social a um objeto manipulável. Ora, o que é a separação entre dirigentes e executantes senão a redução institucionalizada de uma parte da sociedade à condição de coisa? E é aqui, acredito, que a universidade pode ser posta em questão.

Ao afirmar, anteriormente, que nossas lutas e propostas de democratização não vão além do quadro liberal, isso não implicava minimizar a importância dessas lutas e propostas, sobretudo quando se considera o contexto autoritário, mas visava apenas sugerir que com elas não chegamos a analisar a violência que nós mesmos exercemos, frequentemente sem saber. Cotidianamente, como professores e pesquisadores, praticamos violência, e nossa incapacidade democrática é cada vez mais assustadora porque reforçada pela instituição universitária, interiorizada por nós. Basta tomarmos duas situações (entre inúmeras outras) para que isso se torne perceptível: a relação pedagógica, transformada em posse vitalícia do saber, e as pesquisas comprometidas com a "História do vencedor".

Quando examinamos a relação pedagógica na universidade, não encontramos razões para regozijo. Não se trata, aqui, do autoritarismo próprio dos regulamentos universitários, pois já sabemos o que são e para que são. Trata-se do uso do saber para exercício de poder, reduzindo os estudantes à condição de coisas, roubando-lhes o direito de serem sujeitos de seu próprio discurso. Longe de aceitarmos que a relação professor-aluno é assimétrica, tendemos a ocultá-la de duas maneiras: ou tentamos o "diálogo" e a "participação em classe", fingindo não haver uma diferença real entre nós e os alunos, exatamente no momento em que estamos teleguiando a relação, ou, então, admitimos a diferença, mas não para encará-la como assimetria e sim como desigualdade justificadora do exercício de nossa autoridade. O que seria a admissão da assimetria como diferença a ser trabalhada? Seria considerar que o diálogo dos estudantes não é conosco, mas com o pensamento, que somos mediadores desse diálogo e não seu obstáculo. Se o diálogo dos estudantes for com o saber e com a cultura corporificada nas obras, e, portanto, com a práxis cultural, a relação pedagógica revelará que o lugar do saber se encontra sempre vazio e que, por esse motivo, todos podem igualmente aspirar a ele, porque não pertence a ninguém. O trabalho pedagógico seria, então, trabalho no sentido pleno do conceito: movimento para suprimir o aluno como aluno, a fim de que em seu lugar surja aquele que é o igual do professor, isto é, um outro professor. Por isso o diálogo não é ponto de partida, mas de chegada, quando a assimetria foi superada e a igualdade foi instalada graças à própria assimetria. Seria preciso admitir que o lugar do professor é simbólico – e por isso sempre vazio, tanto quanto imaginário – e por isso sempre pronto a ter proprietários. Se não pensarmos sobre o significado do ato de ensinar e de aprender, não seremos capazes de pensar numa democracia universitária.

Se, por outro lado, examinarmos o campo de nossas investigações, também não encontraremos grandes motivos de júbilo. Estamos comprometidos até o âmago com o saber das classes dominantes. Se, nas áreas das ciências exatas, esse compromisso aparece mediado, isto é, o teor das pesquisas está condicionado aos financiamentos, no caso das ciências humanas o compromisso não possui sequer o álibi da submissão financeira. A sociedade brasileira, tanto em sua estrutura quanto em sua história, tanto na política quanto nas ideias, é descrita, narrada, interpretada e periodizada segundo cortes e visões próprios da classe dominante. Esse aspecto se torna verdadeiramente dramático naqueles casos em que o "objeto de pesquisa" é a classe dominada. Além de roubar-lhe a condição de sujeito, as pesquisas tratam sua história, seus anseios, suas revoltas, seus costumes, suas produções, sua cultura no *continuum* de uma história que, além de não ser a dela, muitas vezes é justamente aquela história que o dominado, implícita ou explicitamente, está recusando. Em outras palavras, os dominados penetram nas pesquisas universitárias sob as lentes dos conceitos dominantes, são incluídos numa sociedade que os exclui, numa história que os vence periodicamente e numa cultura que os diminui sistematicamente. Comparsas involuntários dos dominantes, os "objetos" de pesquisa não têm hora e vez no recinto da universidade. Se não pensarmos nesses compromissos que determinam a própria produção universitária, nossas discussões sobre a democratização se convertem num voto piedoso e sem porvir.

3
Modernização *versus* democracia[1]

Se indagarmos se há alguém satisfeito com a universidade na sociedade contemporânea, e particularmente no Brasil, a resposta será um sonoro "não". Todavia, as insatisfações não são as mesmas para todos. As grandes empresas se queixam da formação universitária que não habilita os jovens universitários ao desempenho imediatamente satisfatório de suas funções, precisando receber instrução suplementar para exercê-las a contento. A classe média queixa-se do pouco prestígio dos diplomas e de carreiras que lançam os jovens diplomados ao desemprego e à competição desbragada. Os trabalhadores

---

[1] Conferência apresentada na 40ª Reunião Anual da Sociedade Brasileira para o Progresso da Ciência (SBPC), São Paulo, 12.6.1988, na mesa-redonda "O futuro da universidade brasileira", sob coordenação da Profa. Dra. Lygia Chiapinni Moraes Leite. Foi originalmente publicado na revista *Tempo Social*, n.2, 1989.

manuais e dos escritórios, bancos e comércios queixam-se do elitismo das universidades, que jamais se abrem o suficiente para recebê-los e formá-los, mantendo-os excluídos das esferas mais altas do conhecimento e das oportunidades de melhoria de condição de vida e trabalho. Os estudantes se queixam da inutilidade dos cursos, da rotina imbecilizadora, das incertezas do mercado de trabalho, da pouca relação entre a universidade e os problemas mais prementes da sociedade. Os professores estão insatisfeitos com as condições de trabalho, de salário, de ensino e pesquisa, com a estupidez das máquinas burocráticas que cretinizam as atividades universitárias, submetendo-as a rituais desprovidos de sentido e de fundamento, com o autoritarismo das direções, a heteronomia dos currículos e as lutas mesquinhas pelo poder e pelo prestígio. Diferentes, porque provindo de classes e grupos sociais diferentes, as insatisfações possuem um ponto em comum, isto é, a inadequação da universidade seja ante o mercado de trabalho seja ante os anseios do conhecimento, seja ante as exigências sociais seja ante o desejo de mudança de vida. Esse ponto comum, entretanto, não pode apagar as diferenças, pois estas são socialmente determinadas e delas emanam diferentes perspectivas sobre o sentido e os fins da universidade, e, portanto, incidem diretamente sobre projetos para sua reforma. E porque essas perspectivas são pontos de vista de classes sociais, não há como evitar a percepção de seus antagonismos políticos tácitos. Basta, para isso, observar a maneira como duas instituições caracterizaram a diferença entre a perspectiva dos que defendem a modernização da universidade e a dos que defendem sua democratização.

Assim caracteriza a diferença o jornal *O Estado de S. Paulo*: "Os membros da comunidade universitária não são aderentes implícitos ou explícitos de um pacto social genérico, que justificaria uma igualdade de direitos e responsabilidade no que diz respeito à gerência da instituição. A universidade tem uma destinação específica, vinculada à conservação e ao crescimento do saber, que por si só lhe dá uma característica peculiar. Professores e estudantes ocupam seus lugares como mestres e aprendizes, nos quadros das atividades-fim da instituição, enquanto os funcionários se ocupam, genericamente, das atividades-meio. E entre os próprios professores há os que ainda são aprendizes ... e os que já atingiram uma posição ensinante indiscutível, atestada, precisamente, pela própria ideia de *carreira universitária*, baseada, ao menos idealmente, em competência e maturidade" (Editorial de 9.12.1980).[2]

Por seu turno, o Geres (Grupo Executivo para Reformulação da Educação Superior), distinguindo entre "universidade do conhecimento" e "universidade alinhada", caracteriza a primeira como responsável por um projeto modernizador, "baseado nos paradigmas do desempenho acadêmico e científico, protegida das flutuações de interesses imediatistas, sem inviabilizar contudo sua interação com as legítimas necessidades da sociedade", enquanto a segunda se caracteriza por "atividades [que] são meios para atingir certos objetos políticos para a sociedade e cujos paradigmas são ditados não pelo desempenho acadêmico dos agentes, mas pelo grau de compromisso político-ideológico com as forças populares".[3]

Essas caracterizações possuem um ponto em comum, qual seja, a diferença das posições conflitantes, como diferença entre o conhecimento segundo paradigmas acadêmicos e científicos, de um lado, e, de outro, o desinteresse pelo conhecimento segundo esses paradigmas, numa universidade tida como meio para "compromisso político-ideológico com as forças populares". Fazendo passar a diferença por duas grandes abstrações – o jornal contrapõe

---

[2] Apud Cardoso, I. de A. R. A universidade e o poder. *Revista da Universidade de São Paulo (São Paulo)*, v.6, p.59-70, jul.-set., 1987.

[3] Ibidem, p.64.

"conservação e crescimento do saber" e "pacto social genérico que justificaria uma igualdade de direitos e responsabilidade"; e o Geres contrapõe "paradigmas de desempenho científico e acadêmico" e "compromisso político-ideológico com forças populares" – a caracterização não nos explica o que seriam os termos por ela empregados. Nem o pretende. A formulação do Geres, por exemplo, não explica qual seria a diferença entre "legítimas necessidades da sociedade" e "compromisso político-ideológico com forças populares". Estas não teriam necessidades legítimas? Quem é a sociedade em que necessidades das forças populares não seriam legítimas? Mas, o que são "forças populares"? Essa caracterização, cujos termos vêm sendo repetidos nos debates sobre a universidade, opera com vocabulários diversos, encarregados, porém, de manter a diferença no plano das designações abstratas sem desenvolver-lhes o significado. Essa abstração opera de maneira muito precisa, pois o contraponto, sendo estabelecido entre o saber e o compromisso político-ideológico, os oponentes surgem na cena previamente qualificados: alguns são sérios, responsáveis, produtivos e sábios, enquanto outros são ignorantes, irresponsáveis, improdutivos e sabidos. Essa qualificação prévia, na verdade, desqualifica um dos lados e anula o debate.

Se pretendemos reabrir o debate, precisamos abandonar as abstrações em que foram lançados os oponentes e, para abandonar as abstrações, precisamos, antes de buscar o significado dos termos, avaliar como e por que foram empregados. Já observamos que o motivo das designações é primariamente o de obter a desqualificação imediata de um dos interlocutores, mas resta verificar o modo como isso é feito. Sugiro que esse modo pode ser esclarecido se tomarmos os termos desqualificadores como rótulos ou etiquetas ou como aquilo que, em português mais castiço, chamamos de *alcunha*. Os oponentes são alcunhados de sabidos, populistas, assembleístas, corporativistas, irresponsáveis, baixo-clero incompetente. O que é uma alcunha? Como opera? Por que parece aderir ao alcunhado com a mesma força e necessidade com que a cicatriz adere à ferida curada?

A alcunha "improdutivos"

"O assunto é mais importante do que à primeira vista parece. E é tão sério nos seus resultados, como desprezível nos processos de que se serve para atingi-los. Na maioria dos casos são as alcunhas que governam o mundo. A história da política, da religião, da literatura, da moralidade e da vida particular de cada um, é quase sempre menos importante que a história das alcunhas ... As fogueiras de Smithfield eram atiçadas com alcunhas, e uma alcunha selava os portões do cárcere da Santa Inquisição. As alcunhas são os talismãs e os feitiços coligidos e acionados pela parcela combustível das paixões e dos preconceitos humanos, os quais até agora jogaram com tanta sorte a partida e realizaram seu trabalho com mais eficiência do que a razão e ainda não parecem fatigados da tarefa que tem tido a seu cargo. As alcunhas são as ferramentas necessárias e portáteis, com as quais se pode simplificar o processo de causar dano a alguém, realizando o trabalho no menor prazo e com o menor número de embaraços possíveis. Essas palavras ignominiosas, vis, desprovidas de significado real, irritantes e envenenadas, são os sinais convencionais com que se etiquetam, se marcam, se classificam os vários compartimentos da sociedade para regalo de uns e animadversão de outros. As alcunhas são concebidas para serem usadas já prontas, como frases feitas; de todas as espécies e todos os tamanhos, no atacado ou no varejo, para exportação ou para consumo interno e em todas as ocasiões da vida ... O que há de curioso neste assunto é que, frequentemente, uma alcunha é sempre um termo de comparação ou relação, isto é, que tem o seu antônimo, embora alcunha e antônimo possam ser ambos perfeitamente ridículos e insignificantes ... A utilidade dessa figura do discurso é a seguinte:

determinar uma opinião forte, sem ter necessidade de qualquer prova. É uma maneira rápida e resumida de chegar a uma conclusão, sem necessidade de vos incomodardes ou de incomodardes alguém com as formalidades do raciocínio ou os ditames do senso comum. A alcunha sobrepõe-se a todas as evidências, porque não se aplica a toda gente, e a máxima força e a certeza com que atua e se fixa sobre alguém é inversamente proporcional ao número de probabilidades que tem de fixar-se sobre esse alguém. A fé não passa de impressão vaga; é a malícia e a extravagância da acusação que assumem a característica da prova do crime ... A alcunha outorga carta branca à imaginação, solta as rédeas à paixão e inibe o uso da razão, conjuntamente. Não se atarda, cerimoniosamente, a diferenciar o que é justo do que é errôneo. Não perde tempo com lentos desenvolvimentos de raciocínio, nem se demora a desmanchar os artifícios da sofística. Admite seja o que for, desde que sirva de alimento ao mau humor. É instantânea na maneira de agir. Não há nada que possa interpor-se entre a alcunha e seu efeito. É acusação apaixonada, sem prova, e ação destituída de pensamento ... Uma alcunha é uma força de que se dispõe quase sempre para fazer o mal. Veste-se com todos os terrores da abstração incerta e o abuso ao qual se encontra exposta não é limitado senão pela astúcia daqueles que as inventam ou pela boa fé daqueles a quem inferiorizam. Trata-se de um recurso da ignorância, da estreiteza de espírito, da intolerância das mentes fracas e vulgares, que aflora quando a razão fracassa e que está sempre a postos para ser aplicado, no momento oportuno, com o mais absurdo dos intuitos. Quando acusais especificamente uma pessoa, habilitais, dessa maneira, a referida pessoa a defrontar vossas acusações e a repeli-las, se o acusado julgar que vale a pena perder seu tempo com isso; mas uma alcunha frustra todas as réplicas, pelo que há de extremamente vago no que dela se pode inferir, e imprime crescente intensidade às confusas, obscuras e imperfeitas noções pejorativas em conexão com ela, pelo fato de carecer de qualquer base sólida a qual se fundamente ... Uma alcunha traz consigo o peso da soberba, da indolência, da covardia, da ignorância e tudo quanto há de ruim na natureza humana. Uma alcunha atua por simpatia mecânica sobre os nervos da sociedade. Pela simples aplicação de uma alcunha, uma pessoa sem dignidade pode levar a melhor sobre a reputação de qualquer outra, como se não molestando sujar os dedos, devêssemos sempre atirar lama sobre os outros. Haja o que houver de injusto na imputação, ela persistirá; porque embora para o público seja uma distração ver-vos difamados, ninguém ficará à espera de que vos limpeis das manchas que sobre vós foram lançadas. Ninguém escutará vossa defesa; ela não produz efeito, não conta, não excita qualquer sensação, ou é sentida apenas como uma decepção a perturbar o triunfo obtido sobre vós."

Esse longo trecho foi extraído de um delicioso ensaio do inglês William Hazlitt (1778-1830), intitulado *A propósito de alcunhas*.

Por que me pareceu interessante começar pelas alcunhas? Porque, além do exposto por Hazlitt, é preciso apanhar o movimento pelo qual uma alcunha gera outra e dispomos de um exemplo tão vivo desse movimento que vale a pena mencioná-lo antes de prosseguirmos em busca do sentido dos termos empregados nas discussões universitárias. A alcunha "corporativismo populista irresponsável" e a alcunha "sabidos" desembocaram numa outra, a dos "improdutivos" que, no caso da USP, foram expostos à opinião pública pelo jornal *Folha de S.Paulo*, com material oferecido pela reitoria da universidade. Não cabe aqui recapitular o episódio. Cabe, porém, recordar o movimento que a ele conduziu, porque esse movimento continua em curso na USP.

De modo indireto, a Faculdade de Filosofia, Letras e Ciências Humanas da USP recebeu uma resposta a indagações que fizera durante o episódio e que haviam permanecido irrespondidas. O que fora perguntado? Perguntara-se quais os critérios que definem e regem a avaliação dos professores, o que se entende por produção e produtividade, qual a medida que permite identificar produção e publicação? Sobretudo, perguntava-se qual o critério de confecção de listas nas quais constavam nomes de professores com publicações, pois, se essas forem o critério da produção acadêmica, então, é incompreensível, por esse mesmo critério, a presença numa "lista de improdutivos" daqueles que publicaram textos. Foi essa a indagação que recebeu resposta indireta e, por meio dela, podemos obter as respostas às outras perguntas. Como obtivemos a resposta indireta? Recebendo ordem de enviar à reitoria da USP, por intermédio do Serviço Inter-Bibliotecas, listas de trabalhos publicados em 1987.

O que essa ordem indica? Em primeiro lugar, que apesar das críticas feitas aos procedimentos da universidade, que culminaram na publicação da "lista dos improdutivos", e apesar dos pedidos de esclarecimento sobre o fato e a recusa da direção universitária em fornecê-los, a reitoria da USP não só possui critérios de avaliação, mas os conserva em segredo. Ora, no mundo contemporâneo há apenas dois tipos de segredo: o segredo empresarial, para fins competitivos, e o segredo militar, para fins bélicos. Não sendo a universidade uma empresa nem um complexo militar, mas uma instituição pública destinada à criação de conhecimentos e à sua transmissão, por que razão suas direções mantêm secretos critérios de avaliação que deveriam ser duplamente públicos; públicos, enquanto do conhecimento dos avaliados; e públicos, enquanto informação oferecida à sociedade? Se são secretos é porque têm finalidade competitiva – distribuição de recursos para ensino e pesquisa – e finalidade "bélica" – destruição dos oponentes que desconhecerem as regras do jogo. Mas, em segundo lugar, essa ordem foi, no fim das contas, reveladora. Com efeito, alguns professores fizeram relatórios de atividades e os encaminharam aos chamados órgãos competentes, deles recebendo a declaração de que os relatórios eram incompetentes, pois não preenchiam os requisitos estabelecidos pelo computador. Este, ao que tudo indica, teria tido profunda crise de rejeição ao receber o indigesto alimento docente. Os *inputs* e *outputs* parecem ter tido uma formidável crise de vômito. O computador vomitou resenhas, prefácios, introduções, edições críticas, traduções, artigos em coletâneas. Por que os teria vomitado? Porque esses textos não podem ser listados sob o nome de seus autores e sim sob o dos objetos do trabalho. Assim, resenhas, prefácios, traduções, edições críticas, introduções devem vir sob o nome do resenhado, traduzido, prefaciado, introduzido. Se se tratar de artigos em coletâneas, virão sob o nome do organizador da dita cuja.

Vejamos os curiosos resultados. Suponhamos que um de nós tenha escrito uma introdução à obra de um poeta alemão do século XIX, ou escrito um prefácio à obra de um romancista brasileiro contemporâneo, sem vínculos com a universidade, ou resenhado o livro de um filósofo holandês do século XVII, ou feito a edição crítica de um ensaísta brasileiro do século XIX, ou, tendo participado de um colóquio na PUC-Rio, teve seu texto publicado pelos organizadores do colóquio. Que acontecerá com essas publicações no catálogo de produtividade da USP? Nele sairão como produtores uspianos o poeta alemão, o filósofo holandês e o ensaísta brasileiro de há muito falecidos; o romancista brasileiro sem vínculos com a USP e os colegas da PUC-Rio, organizadores da coletânea com os textos do simpósio. A lista de produtividade da USP, além de imbecil, pois não mediria aquilo que pretende medir – as publicações de seus membros – pode ser até ilegal ou criminosa, pois faz constar de seus trabalhos obras que não foram produzidas nela nem sob sua remuneração ou sob seu financiamento. Qual o efeito desse belo catálogo da produtividade? O reforço da alcunha de "improdutivos", que passa a ser *feedback* de si mesma ao receber o *feedback* dos *inputs-outputs* do computador (e haja onomatopeia para designar tudo isso...).

Não basta, porém, ficarmos com as crises nervosas do computador, pois alguém o programou para tão espetacular *performance*. Se conseguirmos captar o que move a programação, teremos um primeiro fio para desmanchar o novelo da alcunha "improdutivos".

O primeiro aspecto que impressiona nesse procedimento é o desinteresse de quem "mede" e "avalia" pelo que os próprios universitários possam entender por medida e avaliação. Em particular, merece atenção o deslizamento da noção controvertida de *produção* para a de *produtividade* e a identificação entre esta última e a quantidade de *publicações*, deslizamento incompreensível quando se leva em conta a multiplicidade de atividades que os universitários realizam e das quais a publicação é a menos apta à medida, uma vez que os autores estão sujeitos ou às decisões do mercado editorial ou às dificuldades e lentidão das editoras universitárias.

Assim, o primeiro traço da medida e da avaliação via catálogo de publicações é a heteronomia, uma vez que suas regras não indicam o que pesquisadores e autores consideram critérios e finalidade de seu próprio trabalho. Como decorrência, o segundo aspecto que chama a atenção é a confusão entre qualidade e quantidade, acarretando dois problemas graves: em primeiro lugar, retira dos autores o direito de julgar o que merece ser publicado, em nome do quanto cada um deveria publicar; em segundo, prepara a situação grotesca do mercado editorial encontrada em países ditos avançados, nos quais a massa de publicação de inutilidade e cretinices corresponde à imbecilização a que foram lançados os docentes na corrida pelos postos. Mas é o terceiro aspecto o que mais importa, uma vez que subjaz aos anteriores. De onde vem a curiosa ideia de listar publicações segundo os padrões que acabamos de mencionar? Do fato de que, em universidades onde os pesquisadores competem por verbas e recursos para pesquisa sob a tutela de medalhões e mandarins que sabem competir por elas, os títulos dos trabalhos devem vir sob o nome desses figurões, pois são eles que obtêm os recursos. O critério da nomenclatura dos catálogos articula-se a sistemas de poder, prestígio, clientela, barganha e favor nas universidades e entre elas e agências financiadoras de pesquisas.

A heteronomia imposta aos universitários, que deixam de definir as regras de seu trabalho, caracteriza aquilo que, noutro contexto, designei como ideologia da competência. Nesta, além de haver substituição da competência real daqueles que realizam os trabalhos pela competência imaginária daqueles que comandam o processo, ainda ocorre um deslizamento propriamente ideológico, encarregado de justificar tal substituição. Esse deslizamento consiste na tese, ora implícita ora explícita, de que quem detém o saber detém o poder. Os que são supostos saber aparecem como tendo imediata e automaticamente direito a comandar os que são supostos não saber, estes últimos reduzidos à condição de meros executantes de tarefas cujo princípio, cujo sentido e cuja finalidade lhes escapam. A ideologia da competência, que marca a dominação no processo de trabalho industrial e no terciário, é o apanágio do poder burocrático.

Ora, direis, a maioria dos que criticaram o populismo irresponsável dos sabidos improdutivos também criticou a burocracia e propôs que a modernização da universidade não se confundisse com o democratismo dos ignorantes nem com a tirania dos burocratas. Muitos deles não propuseram que os próprios universitários definissem as regras do jogo, criassem um "poder acadêmico" que exprimisse a competência real e garantisse a autonomia universitária? Sem dúvida. Resta, porém, que ainda não analisamos os antônimos da alcunha "improdutivo" e da alcunha "sabido".

Política da terra arrasada

Aqui é preciso distinguir o tratamento dado às universidades brasileiras pelos vários projetos de modernização que pretendem cortar as asas dos "improdutivos" e dos burocratas. Se o Geres distingue entre "universidades do conhecimento" e "universidades alinhadas", se o jornal *O Estado de S. Paulo* distingue entre competência e maturidade dos que fizeram a carreira universitária pelo mérito e que pretendem "tumultuar a ordem" pelo "aliciamento das classes sociais de menor poder aquisitivo", outros projetos contrapõem o poder acadêmico legítimo, fundado em critério de competência real e de reconhecimento in terpares, e o populismo corporativista dos incompetentes, cujos traços principais seriam: o mito da inseparabilidade entre ensino e pesquisa, o mito da igualdade de interesses, vontades e direitos das três categorias que compõem o *corpus* universitário, o mito da participação direta, bloqueando práticas democráticas de representação, o mito da relação direta com os pobres e oprimidos, o mito da ruptura voluntarista com as leis de bronze do mercado, o mito da universidade como templo do saber e dos intelectuais como intérpretes da realidade, em nome da verdade e da justiça.

Os discursos da modernização não são, pois, idênticos. Resta saber se a diferença entre eles é tão grande como aquela que os separa dos oponentes, já desqualificados pelas alcunhas. Para tanto, precisamos regressar ao tratamento diferenciado que recebem as várias universidades do país. Aqui, o projeto Geres e os de outras proveniências possuem um aspecto comum que passarei a desenvolver sob a designação de política da terra arrasada. Num dos projetos de modernização, a proposta de tratar de maneira diferenciada as universidades inspira-se numa comparação com os objetos técnicos contemporâneos: o objeto técnico fordista caracterizar-se-ia por sua generalidade excessiva, de modo a ser empregado nas mais diversas situações, sendo por isso um objeto limitado e pouco maleável ou flexível; o objeto técnico pós-fordista é pequeno, ajustado às necessidades próprias e específicas dos usuários; assim também com a universidade, isto é, em lugar de um grande modelo geral e pouco flexível às necessidades locais, mais valem pequenos modelos, ajustados a seus usuários locais ou regionais. Nessa perspectiva dos pequenos modelos eficientes, as universidades federais e particulares do norte e nordeste do país não podem ser tratadas segundo o mesmo modelo das universidades federais do centro-sul e das universidades estaduais de São Paulo. Que tratamento deverão receber? O da modernização eficaz que as torne compatíveis com as demandas locais e regionais (desde que estas, evidentemente, não sucumbam ao populismo, ao "aliciamento das classes de baixo poder aquisitivo", aos "compromissos político-ideológicos com as forças populares", à "encenação política de certas demandas num cenário cuja reestruturação não pode atendê-las").

Embora o ponto de partida do argumento seja a necessidade de flexibilidade e de ajustamento às necessidades locais, seu pressuposto não é este e sim a crítica do modo pelo qual a ditadura implantou em todo o país as universidades federais, para satisfazer aos interesses de oligarquias locais e regionais. A crítica da implantação mostra como essas universidades se tornaram cabides de empregos e lugar de tráfico de influências, do ponto de vista dos dirigentes, e centros de populismos esquerdistas, religiosos e corporativistas, do lado dos docentes e estudantes. Como resolver essa situação? O pequeno modelo eficaz – que designo como política da terra arrasada – propõe a eliminação dessas universidades como centros de ensino superior e de pesquisa e a sua conversão em cursos avançados de segundo grau e de formação técnico-profissional.

Em minha opinião, o diagnóstico bastante correto da situação dessas universidades não leva à medicina correta de seus males. Qual o equívoco da proposta? Não tocar na raiz do problema e sim em seus efeitos de superfície. A raiz do problema é o vínculo interno entre universidade e oligarquia local e, em vez de quebrar esse vínculo, a proposta passa ao largo dele e termina por reforçá-lo. De fato, imaginando que a eliminação dessas universidades do quadro do ensino superior e da pesquisa seria estabelecer o desprestígio delas e quebrá-las como instrumentos de poderio das oligarquias locais, a proposta comete dois enganos:

1. supõe que as oligarquias locais tenham algum compromisso com o ensino e a pesquisa, com a produção de cultura e com as necessidades sociais de suas regiões. Ora, essas oligarquias têm compromisso apenas com seu poderio, usam as universidades nas disputas locais de poder e prestígio e continuarão a fazer isso quer as universidades sejam universidades quer sejam cursos avançados de segundo grau e de formação técnica. Aliás, o projeto da universidade para a Zona Leste da cidade de São Paulo é o melhor exemplo desse fato, sem que precisemos ir ao norte e ao nordeste do país para observá-lo. Assim, a proposta não trará o menor prejuízo para as oligarquias conflitantes e sim para docentes e estudantes da região. Mais do que isso. Como serão professores e alunos os desprestigiados e enfraquecidos, isso simplesmente reforçará o poderio oligárquico sobre as universidades;

2. supõe que os conflitos entre direções universitárias e corpo universitário (professores, estudantes e funcionários) sejam conflitos entre política regional e interesses corporativos. Esse equívoco redunda em dois outros, também graves. Em primeiro lugar, não se pergunta se o aspecto ou a aparência corporativa não esconderia algo essencial, mesmo que aparecendo de modo equivocado. Em outras palavras, num país como o Brasil, onde a sociedade civil é extremamente fraca, onde as regras das relações sociais são autoritárias e fundadas em normas de tutela, favor, clientela e barganha, o que aparece como corporativismo não seria o esforço real de grupos e camadas sociais para fazer valer direitos, interesses e vontades próprios? Em lugar de desqualificar os oponen-

tes sob a alcunha do corporativismo, não seria mais interessante indagar o que se esconde sob tal aparência? Cuidado teórico e político que não é insignificante, pelo menos por uma razão, qual seja, o conceito de corporação é polivalente: designa uma instituição histórica peculiar, a comunidade profissional fundada na *confidatio* e na *conjuratio*, isto é, em relações de igualdade no seio de formações sociais altamente hierarquizadas fundadas no princípio aristocrático do sangue e da família ou linhagem (como as sociedades feudais, em que pela primeira vez surgiram as corporações), e não seria demais lembrar que aquilo que viria a ser conhecido como sociedade civil, na formação capitalista, deita raízes nessas corporações, assim como muitas delas foram responsáveis, do ponto de vista cultural, pelo que chamamos de Humanismo Cívico e, do ponto de vista político, daquilo que chamamos de Reforma Radical; designa também um tipo de reunião por categoria profissional, fechada sobre si, para defesa de seus interesses particulares contra o restante da sociedade, e não é por acaso que na terminologia das ciências sociais anglo-americanas o termo *corporation* designe as grandes empresas monopolistas ou oligopolistas, o que significa que o termo tanto pode designar reunião de profissionais ou de trabalhadores quanto a organização dos empregadores, dos capitalistas ou patrões; finalmente, o termo designa a forma pela qual o fascismo pretendia organizar a sociedade integral, neutralizando as classes sociais e suas contradições pela imposição da colaboração pacífica entre o capital e o trabalho, graças à distribuição profissional dos membros da sociedade, ocultando as divisões sociais por meio das célebres pirâmides profissionais cujo topo era o Estado total. Sem dúvida, os que empregam o termo sob a forma da alcunha "corporativista" tendem a usá-lo na acepção fascista ou na acepção do *esprit de corps* autorreferido. Resta saber se é assim que os alcunhados concebem suas ideias e práticas e se o leque de significações do termo não sugeriria cautela no seu emprego.

Dissemos serem dois os equívocos. O segundo deles decorre, afinal, da própria alcunha. De fato, na medida em que esta desqualifica de antemão professores, estudantes e funcionários dessas universidades, os interlocutores da proposta só poderão ser os que não foram desqualificados e, portanto, as direções universitárias – reitores, vice-reitores e pró-reitores – isto é, justamente aqueles que fazem parte das oligarquias locais ou são seus prepostos nas universidades. Aliás, a proposta não poderia ter outra consequência porque trabalha com um conceito oligárquico, o conceito de *"elite"*. Embora os proponentes pensem em elites acadêmicas, definidas por critérios de ensino e pesquisa, definem de antemão seus interlocutores como um grupo destacado da "massa" universitária. E essa escolha, no fim das contas, vem reforçar a política da terra arrasada. Por quê?

Muitos dos defensores dessa política a defendem a partir de suas constatações. A primeira delas é a maneira como alguns dos opositores à proposta tendem a defender a democratização universitária suprimindo a carreira docente por concursos e títulos, aceitando que seja estabelecida pelo critério que rege todo o funcionalismo público, isto é, o tempo de serviço. A segunda constatação é a existência de reitores, vice-reitores e pró-reitores que não possuem sequer o mestrado. Ora, em lugar de discutir com os opositores os enganos da carreira universitária por tempo de serviço – e, diga-se de passagem, são poucos os que defendem tal ideia –, os proponentes tomam como interlocutores a cúpula universitária que, justamente, não costuma ser constituída por professores portadores de títulos e credenciais acadêmicos pela boa e simples razão de que não são estes os critérios que presidem sua escolha pelas oligarquias e pelo Ministério da Educação. Assim, quando se critica o "corporativismo populista" porque este favoreceria a escolha (via eleição direta) dos não credenciados academicamente para os postos de direção, a crítica simplesmente cai no vazio, mesmo porque, no caso de os universitários escolherem esse tipo de direção – que seria do mesmo tipo da escolhida pelos mandantes políticos –, haveria pelo menos uma diferença: o eleito, como representante, precisaria dirigir a universidade segundo as exigências de seus representados. O mais importante, porém, é que a proposta mencionada, tomando como interlocutores pessoas cuja vinculação com o trabalho universitário é duvidosa ou frágil, e fazendo dessas pessoas os indicadores da situação do corpo docente como um todo, é uma proposta que reforça justamente o poder desse tipo de direção universitária. Numa palavra, a política da terra arrasada favorece a destruição das universidades em questão porque toma como parâmetro exatamente aqueles para os quais a universidade não importa como ensino e pesquisa, mas apenas como centro de poder, prestígio e tráfico local de influência. O rebaixamento do corpo docente e discente é, aliás, bem-vindo para essas direções que não se sentirão ameaçadas em seus propósitos. Vinda do alto e a partir do conhecimento do que se passa no alto, a proposta acaba tendo um teor autoritário, pois ignora um outro caminho para essas universidades, caminho que lhes seria sugerido se ouvissem as exigências e as propostas dos professores e estudantes envolvidos.

Como o "pequeno modelo" poderia ser um verdadeiro serviço a essas universidades? Para tanto, teria bastado que as discussões não se travassem apenas no Ministério da Educação, em comissões e grupos de reitores e pró-reitores, nem mesmo na Andes e nas ADs, mas em cada universidade, com seus membros. Estes, a experiência o tem mostrado, possuem críticas severas às suas universidades, tanto no plano dos currículos e das contratações e carreiras como no plano global do ensino e da pesquisa, têm propostas de reformulação curricular, de carreira, de estatutos e regimentos, para programas integrados com outras universidades, para sistema de bolsas e de viagens, para distribuição de recursos a bibliotecas e laboratórios, para convênios com fundações de pesquisa e sobretudo para a renovação dos padrões de ensino e do recrutamento dos quadros docente e discente. Muitas dessas universidades abrigam conflitos, sobretudo nas humanidades, acerca da destinação das pesquisas, havendo aqueles que optam por uma dimensão mais universalizadora dos conhecimentos e aqueles que consideram que ensino e pesquisa devem estar voltados exclusivamente para os problemas estritamente locais. Seria um enorme serviço discutir com esses professores, em lugar de aumentar seus conflitos e jogá-los no vazio com a proposta de universidade de segundo grau avançado e formação técnico-profissional para demandas imediatas do mercado local. Para usarmos a linguagem do Geres, essa proposta é a de uma "universidade alinhada", só que com as oligarquias locais – como sempre foi o caso, desde sua implantação.

A modernização da universidade

Vejamos, agora, o "pequeno modelo" para as demais universidades (particularmente as do centro-sul do país e as estaduais de São Paulo) e que poderemos designar como o modelo da modernização propriamente dita. Antes de examiná-lo, porém, proponho fazermos um pequeno desvio. Considera a proposta que as universidades do centro-sul, por sua história, tradição, organização e "massa crítica", equiparam-se às suas congêneres internacionais, embora estejam defasadas com relação a estas últimas, a modernização visando justamente superar a defasagem. O desvio que proponho é verificar brevemente como universitários europeus e norte-americanos descrevem a situação de suas universidades.

No dia 19 de fevereiro de 1988, um artigo do jornal *Le Monde* (p.10, seção *Education*) trazia como título:

"Le rapport Durry met en lumière la dégradation de la condition des universitaires". O conteúdo assemelhava-se a uma descrição das condições de vida e trabalho dos universitários brasileiros, porém com duas diferenças: em primeiro lugar, tratava-se de um relatório feito por encomenda do ministro da Educação, Jacques Vallade e, portanto, de uma visão oficial sobre as condições universitárias tecida com denúncias que, no Brasil, são feitas pelos universitários e postas em dúvida pelos governantes; em segundo, tratava-se de um relatório que pretendia ultrapassar "simples reivindicações corporativas da comunidade universitária francesa", fazendo um balanço crítico com previsão dos acontecimentos no próximo século, portanto, aceitando distinguir reivindicações imediatas dos professores e exigências reais para a preservação do ensino universitário a longo prazo, numa atitude exatamente oposta à opinião oficial brasileira que designa como corporativas as posições de professores preocupados com o presente e com o futuro da universidade.

Além dos dados sobre carreira, salários, condições de vida e de trabalho, evasão dos melhores rumo ao mercado privado, deterioração dos recursos para ensino e pesquisa, o relatório Durry tem a peculiaridade de, em instante algum, falar na necessidade da "modernização" da universidade. De fato, não só o termo "modernização" possui um leque semântico bastante amplo para ser reduzido a uma única concepção, como sobretudo o relatório deixa muito claro que os problemas do trabalho universitário não se deixam apanhar com clareza quando tratados sob a égide de uma única concepção de modernidade. Esse relatório tem, para nós, sobretudo da USP, especial importância, porque, entre nós, considera-se que um impulso sério foi dado à reforma universitária com a visita e as palestras do professor Laurent Schwarz, para quem a chave dos problemas da universidade francesa (e, por tabela, da universidade brasileira) está na modernização.[4] Qual a principal diferença entre o relatório Durry e a concepção de Laurent Schwarz? O primeiro apresenta-se sob a perspectiva das dificuldades e misérias do trabalho universitário, enquanto o segundo se oferece sob a perspectiva da produtividade acadêmica, a partir dos critérios de produção e rendimento estabelecidos pela organização empresarial do trabalho.

O relatório Durry indaga como transformar a universidade para que nela haja criação cultural rigorosa e transmissão de conhecimentos à sociedade. A concepção de Laurent Schwarz, pelo menos o que dela restou entre nós, enfatiza a necessidade de adaptar a universidade ao ritmo, ao tempo e às exigências da sociedade industrial e da pós-industrial, isto é, ao universo da informação eletrônica.

O número 71, de 1987, da revista norte-americana *Telos* traz uma alentada discussão da universidade norte-americana, transcrição de um debate entre Luke, Piccone, Siegel e Taves. Seu título: "The Crisis in Higher Education". Aqui, a ênfase é colocada sobre duas situações históricas norte-americanas, o *New Deal* dos anos 40 e 50 e a "Geração 68", isto é, sobre o momento da grande ilusão do "*American Way of Life*" e do "declínio do império americano". E, em ambos, ressalta a cumplicidade da esquerda naquilo que um dos debatedores chama de banalização e cretinização da vida acadêmica.

No caso do *New Deal* – e isto nos interessa de perto – estabeleceu-se uma relação entre a política do Estado de Bem-Estar Social e as ciências humanas, particularmente as ciências sociais, a economia e a psicologia que se constituíram disciplinas específicas e profissões novas, a serviço do controle social pelo Estado e pelas grandes

---

4 Cf. Schwarz, L. *Para salvar a universidade*. São Paulo: Edusp, 1984.

empresas (as relações industriais e a gerência científica). A universidade passa a relacionar-se direta e imediatamente com o Estado e as empresas na qualidade de agentes financiadores de pesquisas e de formação de pessoal técnico, e estes recolhem para seu uso – políticas sociais e gerenciamento empresarial – os resultados de trabalhos universitários. Esse vínculo, que talvez na perspectiva do Geres corresponda às "necessidades legítimas da sociedade", fez que o fim do *New Deal* e sobretudo o advento do reaganismo como falência do *Welfare State* lançasse as ciências sociais, a economia, a psicologia ao vazio intelectual, acadêmico e político, e pusesse a descoberto algo que a suposição da cientificidade havia ocultado, isto é, que o que se supunha serem teorias científicas criadoras de novos objetos de estudo não eram senão respostas a exigências determinadas postas pelo Estado e pelas empresas. Descoberta clara não só quando os objetos e conceitos supostamente científicos entraram em desuso, mas também quando se viu o movimento da ciência política rumo ao setor de relações públicas da indústria política e do chamado mercado político, isto é, a invenção de objetos de pesquisa que durarão apenas enquanto durar o sistema eleitoral norte-americano.

É nesse contexto que os debatedores examinam os resultados de 1968 e o fenômeno do pós-modernismo. Embora divergindo no balanço da década de 1960, os debatedores salientam alguns traços da "Geração 68" responsáveis pela banalização universitária. Aquela geração, mergulhada em critérios da psicologia social, identificou igualdade (tanto no sentido liberal de igualdade de oportunidades quanto no sentido socialista de condições) com qualidade do trabalho intelectual, banalizando a atividade teórica, banalização agravada pela adoção, por uma parte da esquerda, do althusserianismo. Enquanto uma parte dos universitários fez da pequena psicologia o critério da vida universitária, outra parte fez do modelo fundamentalista althusseriano (a explicação imanente de textos) instrumento poderoso para bloqueio de discussões e críticas. Os primeiros reduziram a vida universitária a querelas afetivas; os segundos, ao autoritarismo da "verdade textual". E como os primeiros foram enviados como professores ao primeiro e ao segundo graus, fizeram destes a réplica da pequena psicologia universitária. Os farrapos da "Geração 68" deram uma nova geração universitária, no fim dos anos 70 e da década de 1980, isto é, os pós-modernos e os *yuppies*, cujos traços mais marcantes são: no lugar da tentativa inicial do pós-modernismo de criticar o ideal da universalidade da Ilustração, o pós-modernismo universitário é a queda num tipo peculiar de particularismo extremo, isto é, a passagem da pequena psicologia social ao narcisismo (o mundo é o que vejo de minha janela e os problemas do mundo são os meus, em escala ampliada); a passagem da banalização autoritária de estilo althusseriano ao cretinismo intelectual, isto é, a luta enlouquecida por cargos, postos e títulos, a ascensão social via academia, a publicação desenfreada de todas as pequenas ideias, desde que envolvidas em vocabulário esotérico, a redução da pesquisa à insignificância (por exemplo, historiadores pesquisando a taxa de casamento em Grenville entre junho de 1887 e junho de 1888) ou à invenção de conceitos capazes de durar não mais do que uma estação do ano, mas suficientes para garantir bom emprego e muitas citações em notas de rodapé.

Quanto às chamadas grandes escolas ou grandes universidades, nelas o que aconteceu com as ciências humanas incidiu também nas ciências exatas e naturais, mas noutro ritmo, ou seja, enquanto as primeiras foram, desde o início, absorvidas pelo Estado e pelas empresas, via *New Deal*, as segundas sofreram essa absorção a partir do fim da Segunda Guerra Mundial, quando se tornaram instrumentos do grande complexo industrial-militar. A cada impacto geopolítico Leste-Oeste – a guerra fria, o lançamento do Sputnik, a crise do petróleo, a corrida dos mísseis – o setor das ciências recebeu financiamentos e recursos incalculáveis para atender às necessidades do império. Todavia, e isso também nos interessa de perto, duas alternativas abriram-se para o setor. Numa delas, praticada pelas universidades menores, as direções universitárias se tornaram empresariais, vendendo prédios, laboratório, departamentos inteiros com seus colegiados e faculdades com suas congregações, a empresas de tecnologia de ponta, sobretudo japonesas e as financiadas pelos árabes; "estão conscientemente tornando suas universidades atraentes para jovens gerentes e empresários, alojando-as numa estratégia global de produção informatizada de tecnologia de ponta".[5] A segunda alternativa, praticada sobretudo pelas grandes universidades, consiste em fechar setores inteiros de pesquisa, deixando que fiquem diretamente a cargo de empresas e das Forças Armadas.

Essa segunda alternativa, como observou Butor, numa conferência proferida na USP, em 1984, e publicada no número comemorativo dos 50 anos da USP pela revista *Língua e Literatura*, com o título "As metamorfoses da universidade", é aquela seguida pela maioria das universidades europeias, ao aceitarem a crítica de que as universidades eram perigosos focos de agitação política (como pensa o Geres) e estavam desadaptadas às exigências do complexo industrial-militar e às condições da sociedade pós-industrial. Butor examina os riscos para a universidade e para os conhecimentos dessa alternativa:

---

5 Luke et al. The crisis in higher education – Rondtable on Intelectuals and the Academy. *Telos*, n.71, p.5-36, Spring, 1987.

Este ensino especializado no exército ou na empresa leva uma considerável vantagem, por saber a quem formar, de quem se tem necessidade e quais os cargos a preencher. Pode-se, portanto, formar pessoas especialmente para esses cargos e, consequentemente, evitar-se completamente o problema do desemprego universitário ... Assim, temos nas forças e nas companhias privadas não só um ensino que chega, em certas áreas, a um nível comparável ao das universidades, como também uma pesquisa que pode ser uma pesquisa avançada ... Verifica-se imediatamente o defeito desse tipo de ensino: é que está tão adaptado à situação que nos propõe uma imagem realmente assustadora da sociedade. Se sabemos qual é exatamente o número de instrumentos humanos necessários para que a máquina administrativa, industrial ou militar continue a funcionar, essa máquina não pode mais mudar. Vamos ajustar pessoas para colocá-las em postos totalmente preestabelecidos. Assim, o sistema de ensino atual pode propiciar satisfação num certo contexto político, mas culminará numa sociedade conservadora, de corporações e castas, dispostas verticalmente umas ao lado das outras.[6]

Butor ilustra suas considerações com o exemplo das grandes empresas japonesas, organizadas como pequenas sociedades fechadas e completas.

Todavia, o aspecto mais importante, destacado por Butor, refere-se à situação da pesquisa. Os complexos militares e empresariais são unidades de pesquisa fundadas no segredo e na competição – bélica e de mercado –, de sorte que nelas o resultado das pesquisas é confiscado: não só outros pesquisadores os ignoram, mas também não podem ser divulgados por meio do ensino. Eis por que, diz o autor, em lugar de acoplar as universidades ao complexo militar-industrial ou pós-industrial é

---

[6] Butor, M. As metamorfoses da universidade. Língua e Literatura. *Revista do Depto. de Letras da FFLCH da USP (São Paulo)*, v.10-13, p.180-91, 1981-1984.

preciso fazer exatamente o contrário, se quisermos que ensino e pesquisa não se separem, se quisermos que pesquisas e seus resultados sejam debatidos publicamente e se quisermos que a sociedade não só usufrua dos resultados, mas sobretudo conheça os destinos dos fundos públicos com que financia as pesquisas. Ora, não é interessante que os defensores da reforma das universidades brasileiras do Centro-Sul declarem que o corporativismo é apanágio dos sabidos e que estes querem a todo custo manter o mito da inseparabilidade do ensino e da pesquisa? A darmos crédito aos debatedores de *Telos* e a Butor, é exatamente o contrário que poderia ser dito, isto é, que o conservadorismo de estilo corporativo estaria do lado dos modernizantes sábios.

Se regressarmos às propostas de modernização, poderemos observar, por um lado, o que as reúne contra as propostas que enfatizam a democratização da universidade e, por outro, o que as separa entre si.

Podemos dizer que a diferença maior entre a modernização e a democratização – isso não significa que não pudesse haver modernização democrática, e sim que a modernização apresentada se oferece explicitamente e com empenho como oposição que combate a de democratização – encontra-se numa confusão que foi apontada pelo helenista Moses Finley, ao analisar os postulados da ciência política contemporânea. Para esta última, o sucesso das democracias ocidentais modernas repousaria num fenômeno fundamental, isto é, na apatia política dos cidadãos que delegam a elites técnicas e a políticos profissionais a tarefa da tomada de decisões concernente à vida social no seu todo.[7] Afirma essa ciência política que a antiga ideia de participação democrática não só perdeu o sentido nas grandes sociedades de massa complexas, em que a prática frouxa da representação por via eleitoral é

---

7 Finley, M. I. *Democracia antiga e moderna*. Rio de Janeiro: Graal, 1988.

o melhor expediente para deixar as decisões nas mãos dos competentes, como ainda afirma que a participação coloca na cena política a "massa dos descontentes" sempre pronta a "movimentos extremistas", contrários à democracia.

Com relação a este segundo ponto, Finley lembra que a história não registra um único caso em que movimentos populares tivessem posto em perigo a democracia, mas registra inúmeros nos quais as oligarquias, ao se convencerem de que não obterão seus fins por meios democráticos, golpeiam duramente a democracia. Assim, não há evidência histórica suportando o medo dos politólogos diante do que o Geres chamaria de "forças populares".

Com relação ao primeiro ponto – as vantagens da apatia e da delegação de poder a técnicos e a profissionais da política –, Finley observa que ocorre aqui a mesma confusão que o aristocrata Tucídides fizera quando a assembleia democrática de Atenas decidiu a invasão da Sicília sem conhecer o tamanho da ilha, seu local exato, sua população, as condições marítimas e militares para enfrentá-la. Qual a confusão feita por Tucídides e pelos politólogos contemporâneos? Confundem conhecimentos técnicos e discernimento político. É essa precisa confusão que opõe as propostas de reforma universitária no Brasil, isto é, a proposta que enfatiza a modernização contra a democratização, pois os argumentos contrários a esta última dizem respeito à suposta ignorância técnica dos membros da universidade para governá-la.

Se isso estabelece o que há de comum entre as proposta de modernização, resta que são diferentes entre si. A diferença não se estabelece no plano dos princípios – isto é, a ideia básica em todas elas é a distinção entre ensino e pesquisa, entre direção e execução, entre trabalho e governo universitário – mas no grau de sofisticação com que apresentam suas justificativas. As propostas mais grosseiras simplesmente tomam a modernização como dogma e encarnação do bom, justo e verdadeiro, confundem-na com preceitos técnicos e legalidade burocrática. As mais sofisticadas dão-se ao trabalho de expor as necessidades criadas pelo desenvolvimento das ciências e das humanidades, que exigem a modernização universitária. São as propostas mais sofisticadas as que nos interessam, sobretudo porque foram elas que suscitaram o longo desvio que fizemos passando pelas universidades estrangeiras.

Antes de examinarmos o que é dito sobre as ciências e as humanidades no plano da pesquisa, vejamos o que é dito sobre o ensino. Vimos que um princípio comum às propostas de modernização é a clara separação entre ensino e pesquisa. As propostas mais sofisticadas vão além: afirmam que a inseparabilidade entre ensino e pesquisa é um mito, pois, nas condições universitárias atuais, nem sempre aquele que tem talento para o ensino o terá para a pesquisa e vice-versa. Dessa constatação empírica no plano dos talentos naturais e das vocações, passa-se a uma regra: separar ensino e pesquisa. Como se observa, a separação não é justificada por necessidades intrínsecas ao ensino e à pesquisa, mas pela diversidade de pessoas que os praticam. Ora, isso posto, compreende-se o corolário retirado da regra de separação: aqueles que vão apenas ensinar não são obrigados a conhecer todo o campo de estudos em que trabalham, mas apenas o que é necessário para a transmissão de rudimentos e técnicas aos estudantes. Que significa tão singela e tão factual afirmação? Para compreendê-la é preciso contextualizá-la. No todo, a proposta de modernização mais sofisticada aceita o que põe a menos sofisticada, isto é, um sistema de hierarquias que distinga, por méritos e títulos, os membros do corpo docente, único meio de quebrar o vício corporativista. Isso significa, portanto, que aqueles que se dedicarão apenas ao ensino, porque a natureza não lhes deu talento nem vocação para a pesquisa, formarão o grau mais baixo da hierarquia universitária meritocrática. O argumento, em sua simplicidade, pretende apenas respeitar a psicologia de cada professor e estimular cada um a fazer aquilo em que é mais eficiente e competente, no que beneficiará muito mais aos estudantes. Essa simplicidade e essa obviedade escondem, porém, um projeto fortemente hierarquizado de cargos e funções. Compreende-se por que a proposta de democratização, que não faz as diferenças passarem por aí, seja tida como perigosa e desordenadora.

Ainda um traço referente ao ensino merece ser citado. Numa das propostas mais sofisticadas de modernização, o ensino é definido como transmissão de técnicas da área do conhecimento escolhida pelo aluno, transmissão que é a disciplina da aprendizagem: "técnica que se forja por aprender a seguir regras, pela automatização do corpo e do espírito, a fim de que o aprendiz tenha à mão pacotes de comportamento físicos e simbólicos que lhe permitam lançar-se na invenção. Sem essa dura disciplina não há escola".[8] Essa concepção do ensino é curiosa. Num ensaio denominado "The Heritage of Isocrates", Moses Finley estuda a vitória de Isócrates sobre Platão no estabelecimento da *paideia*, isto é, a vitória do sofista contra o filósofo e assinala que um dos traços mais importantes da sofística de Isócrates era justamente o ensino como "treino da mente" ou "ginástica da psique": "a noção do que viria a ser chamado de faculdades da mente que, como os músculos, são fortalecidas pelo exercício".[9] Essa concepção, central para o treino nas técnicas retóricas da sofística, prossegue Finley, veio sustentar, na modernidade, a defesa da educação como especialização que deve iniciar-se muito cedo, e à "ginástica da psique" veio acoplar-se a hipótese psicológica da "transferência de treinamentos", isto é, a suposição de que o treino efetuado numa especialidade pode ser transferido para outra, se ambos os treinamentos forem rudimentares. Ora, não é extremamente curioso ver que

---

8 Giannotti, J. A. *Universidade em ritmo de barbárie*. São Paulo: Brasiliense, 1986.
9 Finley, M. I. *The Heritage of Isocrates*. s. l.: s. n., 1975. p.198.

o autor que defende aquela concepção de ensino é o mesmo que separa sábios e sabidos, designa estes últimos de sofistas, afirma o adágio platônico ("aqui só entra quem souber geometria"), confundindo a *paideia* platônica (que repousa sobre uma metafísica da alma) com o treinamento sofístico de Isócrates? Aliás, essa peculiar confusão percorre toda a proposta, pois, se, de um lado, o ensino é reduzido à transmissão de técnicas e ao automatismo do corpo e do espírito por um professor que não precisa conhecer tudo quanto envolve e implica seu campo de conhecimento, de outro, fala em relação pessoal entre o professor e o aluno no momento em que, por exemplo, recusa a avaliação dos estudantes por testes, pois "com o gabarito, qualquer ignorante corrige a prova".[10]

Finalmente, uma observação sobre essa ideia do ensino distante da pesquisa, mais eficaz se feito por um bom professor que conheça bem as regras elementares de seu campo de estudo, que não precisa conhecer todas as questões que envolvem esse campo, e sobre essa ideia do aprendizado de técnicas, de automatismos corporais e psíquicos e de pacotes de comportamentos, do lado do aluno. Comentando a passagem frequente que o cientista opera entre o ser e o dever ser, Finley, no ensaio mencionado, observa que essa prática normativa, própria da ciência clássica, popularizou-se como imagem geral da ciência, isto é, quanto menos conhecemos as dificuldades das ciências no estabelecimento de seus conceitos e de suas leis, tanto mais sustentamos aquela imagem normativa. Essa tendência, observada nos estudantes, revelou-se assustadora numa pesquisa efetuada por Hudson, pois se descobriu que os estudantes que procuram humanidades diferem dos que procuram as ciências porque, enquanto os primeiros têm uma visão muito mais livre e inquisitiva do saber, os segundos têm uma

---

10 Giannotti, op. cit., 1986, p.89.

visão muito mais normativa e conformista e uma tendência ou um gosto pela autoridade. Ora, se o ensino for praticado por professores que apenas conhecem os rudimentos de seu campo de estudo, conhecem apenas alguns aspectos dos problemas de sua área, conhecem o mínimo indispensável para transmitir técnicas e garantir pacotes de automatismos físicos e psíquicos aos alunos, não caberia indagar se esse tipo de professor não seria guiado pela perspectiva altamente normativa e conformista, se não alimentaria nos estudantes o gosto ou a tendência pela autoridade e se não faria isso até mesmo com os estudantes de humanidades? Em suma, cabe indagar se a simplicidade com que se separa ensino e pesquisa não teria consequências graves para a própria pesquisa, uma vez que esta será feita por estudantes que receberam um tipo de treinamento no qual, no dizer de Hudson, "autoritarismo e conformismo se sobrepõem, ainda que não coincidam".[11]

Não é tanto a diferença entre ensino e pesquisa o que podemos questionar, mas a concepção pouco interessante que a proposta tem sobre o ensino. É perfeitamente possível que um professor seja um pesquisador que prefere ver nas aulas o momento da publicação e da socialização de sua pesquisa, não tem especial interesse em que a publicação assuma forma de livros ou artigos; como é perfeitamente possível que um pesquisador considere que o público que pretende atingir ultrapassa o de seus estudantes e prefira a publicação de livros e artigos. O que não parece interessante – e, sob certos aspectos, parece tacanho, estreito e autoritário – é distinguir ensino e pesquisa como atividades realizadas por professores diferentes, ensejando a pobreza da docência, o conformismo dos estudantes e a discriminação entre professor e pesquisador, discriminação que, como observei antes, incidirá sobre o sistema de poder da universidade. Se uma das

---

11 Citado por Finley, op. cit., 1975, p.207.

metas da modernização é romper a rotina que embrutece a docência e garantir aos professores o direito a intervir nas decisões universitárias, a separação, tal como foi formulada, não atenderá a essas duas finalidades.

Pesquisa e racionalidade capitalista

O risco do conformismo e do conservadorismo não se restringe ao ensino. Nas propostas de modernização ele incide também sobre a pesquisa.

Aqui, parte-se de uma verificação empírica sobre o estado das ciências e da tecnologia e se converte a situação factual das pesquisas científico-tecnológicas em definição de direito dessas pesquisas. Com efeito, o argumento parte de uma constatação, transforma-a em teoria e converte esta última em regra ou norma. Constata-se que o desenvolvimento do capitalismo e das forças produtivas tomou um rumo no qual a produção científica é tecnológica, esta é uma força produtiva e ambas são determinadas pelos imperativos da racionalidade capitalista. Essa constatação transforma-se em teoria, a partir do momento em que se deduz dela uma definição da ciência e da tecnologia que nada mais é senão a afirmação de que a ciência e a tecnologia são o que o capitalismo delas exige. Por exemplo, que não haja mais tempo para pesquisas científicas concernentes à estrutura última do universo (físico, químico, biológico, humano) nem para tecnologias desligadas dos próprios objetos técnicos existentes, de sorte que a ciência se reduz à retomada das tecnologias (definidas como saber morto depositado no objeto técnico) para repor a tecnologia em outro patamar de intervenção sobre o real. Estabelecida a descrição das condições atuais da pesquisa científica como definição da própria ciência e tecnologia, passa-se ao plano normativo: porque *é* assim, então *deve ser* assim. Esse dever ser orienta a maneira como a universidade deverá tratar a ciência e a tecnologia, isto é, a universidade deve adaptar-se às condições empíricas da produção científica e tecnológica. E uma vez que o comando dessa maneira de fazer ciência e tecnologia encontra-se nos centros de pesquisa e nos laboratórios das Forças Armadas e das grandes empresas, a universidade deve adaptar-se às exigências e ao ritmo do complexo militar ou do complexo industrial. A simples ideia de que talvez a ciência e a tecnologia não devam ser assim definidas nem devam ser assim tratadas é imediatamente desqualificada como abstração idealista. A simples suposição de que a ciência teria algo a ver com a invenção, com a criação e com a instauração de um saber novo é imediatamente descartada e julgada anacronismo improdutivo. O argumento cola-se, portanto, aos dados empíricos e propõe um ajuste entre o trabalho universitário e as exigências do capital, este último nunca designado como tal, mas sob etiquetas como "sociedade de massas", "sociedade pós-industrial", "massificação da cultura", imperativos de eficiência e de rendimento. O argumento e a proposta dele decorrente confundem a situação empírica do trabalho científico e tecnológico e as exigências imanentes da própria ciência e da própria tecnologia.

Admitamos, porém, que falar em exigências imanente à ciência seria uma ilusão idealista. Admitamos que o enraizamento material da ciência e da tecnologia determina o conjunto de suas operações teóricas e práticas. Nesse caso, uma vez que a materialidade social (a economia, a política, as relações sociais) não existe por si mesma e sim como resultado posto pela prática social de agentes determinados, que tal indagar quem, na sociedade, concebe a ciência e a tecnologia daquela maneira? Que tal indagar se não haveria uma determinação de classe naquela definição que subsume a ciência e a tecnologia ao movimento das forças produtivas? Que tal lembrarmos que o objetivismo positivista tende a conceber o movimento temporal a partir do desenvolvimento das forças produtivas como sujeitos, em vez de pensá-las como predicados do capital? Em suma, estamos propondo aqui algo muito simples: que o argumento e a proposta de modernização – no caso da ciência e da tecnologia – explicitem seus pressupostos sociais e políticos, em lugar de se apresentarem como absolutos, em lugar de apresentarem a superfície empírica da sociedade sob o manto de conceitos supostamente rigorosos, em lugar de operar o deslizamento tácito daquilo que aparece para aquilo que é e deste para aquilo que deve ser, na medida em que esses deslizamentos sucessivos imprimem a marca do conformismo e do conservadorismo num argumento e numa proposta que pretendem ser transformadores.

Creio ser necessária essa observação, porque algumas propostas são simplistas – estão fascinadas pela incorporação das universidades aos complexos militares e industriais –, enquanto outras pretendem salvaguardar as universidades, afirmando que, se estas não se modernizarem, serão destruídas pela formação de centros paralelos de pesquisa com polpudos financiamentos que tornarão supérfluas as pesquisas universitárias. O problema desse segundo tipo de proposta é que se coloca no mesmo campo de referências das propostas simplistas, isto é, suas referências são as necessidades impostas pelo desenvolvimento do capital, determinando a natureza da ciência e da tecnologia.

Dentre as várias propostas de modernização, tomemos uma que pretende salvaguardar as universidades. Nela é dito que ciência e tecnologia são a posição de uma segunda natureza pelos homens aos homens. Evitando a oposição ilustrada e a do idealismo alemão entre natureza e cultura, a oposição tomista entre natureza e *habitus* e a oposição renascentista entre natureza e costume, a proposta opta pela materialidade da cultura, uma vez que seu referencial teórico é o materialismo histórico.

Ciência e tecnologia são, pois, a segunda natureza que os homens põem a si mesmos pela mediação das coisas produzidas por sua prática científica e tecnológica. Segunda natureza bastante definida, porquanto ciência e tecnologia são apresentadas como forças produtivas. Isso significa que a segunda natureza não é propriamente a ciência nem a tecnologia, nem são quaisquer práticas dos homens, mas é o capitalismo. Ora, ao tratar o capitalismo como segunda natureza, este passa a receber duas determinações, uma advinda de sua naturalização – torna-se reino da necessidade – e outra advinda de seu caráter segundo ou de ser uma posição humana – torna-se normativo. O capitalismo é e deve ser. Essa necessidade e essa normatividade incidem, então, sobre a proposta de universidade: as elites locais (universitárias e governamentais) devem criar a segunda natureza no Brasil, pois ainda não a temos, senão como periferia dependente. Essa posição da segunda natureza pelas elites deve partir de uma constatação básica: "inócuo seria tentar competir nas ciências e nas tecnologias de ponta; não temos recursos materiais nem intelectuais para isso. Só nos resta a saída de montar uma política para a ciência pobre".[12] A pobreza, evidentemente, é relativa – ciência pobre, se comparada com a ciência dos ricos – e financiamentos, recursos e inventividade devem ser carreados para ela, sem desperdícios inúteis. Qual a finalidade dessa ciência pobre, uma vez que a proposta não se alinha ao maoísmo da "Geração 68" nem às "universidades alinhadas", definidas pelo Geres? A finalidade é fazer que "nosso trabalho possa tornar-se competitivo".[13] Situação paradoxal, pois a proposta nasce da constatação da impossibilidade de competir – com os ricos – e tem como finalidade tornar a universidade competitiva – com quem? Esse paradoxo, porém, é irrelevante. Rele-

---

12 Giannotti, op. cit., 1986, p.111.
13 Ibidem, p.111.

vante é a marca registrada do referencial, isto é, a competição, ideia que percorre toda a proposta, definindo a qualidade da atuação dos universitários por meio de "grupos competitivos" no plano nacional e internacional. Ora, a competição, tal como definida pela segunda natureza contemporânea, isto é, pelo capitalismo, possui duas determinações importantes: em primeiro lugar, é competição contra o tempo (o tempo em sua determinação capitalista) – isto submete a pesquisa à heteronomia – e, em segundo, é competição porque secreta – isto submete a pesquisa ao isolamento. E, aqui, novo paradoxo, pois a proposta afirma a necessidade de se formar ampla rede nacional de comunicação das pesquisas, quando a marca da competição é a corrida contra o tempo e o segredo, ambos contrários à prática da comunicação. Como conciliar Adam Smith e Habermas?

É curioso observar que os argumentos e as propostas de modernização parecem nada ter a declarar quanto às humanidades. Destas, o discurso da modernização parece ter-se esquecido, salvo num ponto, qual seja, naquele em que são declaradas ineficientes, anacrônicas, irracionais, improdutivas. Enquanto na argumentação sobre as ciências ditas exatas e naturais há preocupação em redefini-las e determinar as formas corretas de seu aprendizado, das pesquisas e dos resultados práticos, no caso das humanidades, o argumento parece não ultrapassar as críticas do *status quo*. Todavia, reunindo textos nos quais se espalham tais críticas é possível retirar um pequeno conjunto de definições e de normas também para as humanidades. Sobre elas, é dito que se comprazem no trabalho artesanal na época do xerox e do computador, que são extremamente individualistas, nunca chegando a apresentar projetos e programas de ensino e pesquisa interdisciplinares; que nelas é maior a imperdoável mitificação, segundo a qual ensino e pesquisa seriam inseparáveis; que nelas é maior o número de malandros bem falantes que passam o tempo a enganar os alunos, direções universitárias e a sociedade em geral; que nelas é mais difícil separar o joio do trigo e que, se comparadas com a produção brasileira dos anos 20, é evidente sua deterioração, falta de inventividade e de vitalidade; que não respondem às necessidades do mercado de trabalho; que são cursadas por alunos que já se formaram em ciências ou tecnologia e que as procuram apenas para completar sua formação intelectual; que não chegaram a formar uma tradição cultural nacional ou regional e que sua "massa crítica" é majoritariamente formada por professores que as praticam em busca de salário, prestígio e vedetismo, oscilando entre a rotina e o malabarismo, disso sendo prova o nível de evasão nos cursos de humanidades e a pouca importância das pesquisas realizadas. Em outras palavras, as humanidades são definidas como peso morto na universidade, como lugar da letargia e do desperdício. Visto que não há como propor para as humanidades sua perfeita adequação ao mercado de trabalho nem sua inserção direta nas forças produtivas, o argumento acerca do baixo nível e da irracionalidade das humanidades conduz a uma proposta precisa: cortá-las ao máximo, para que sirvam ao mínimo necessário. Esse corte máximo e esse uso mínimo se concretizam num projeto também determinado, qual seja, o de distinguir com maior rigor ensino e pesquisa, deixar à universidade a tarefa do ensino ou da graduação e transferir para os chamados "centros de excelência" a pós-graduação e a pesquisa, centros exteriores à universidade, mas com ela conveniados.[14]

---

14 Uma proposta que tem circulado um tanto silenciosamente na USP concerne ao ensino das línguas. Propõe-se que sejam separadas do ensino de literatura, que tenham caráter fortemente instrumental para uso de outras áreas, e que sejam reduzidas à graduação, prevalecendo apenas aquelas línguas necessárias às demais áreas de trabalho universitário. Línguas clássicas, por exemplo, seriam ministradas para cursos de filosofia e como preparação para a pós-graduação em Literatura clássica. Teoria literária, teorias

Esse projeto, concebido à luz da produtividade e do rendimento e da adequação ao mercado de trabalho, traz em seu bojo, no caso de universidades mais antigas, um outro projeto simultâneo, isto é, o desmembramento das faculdades e dos institutos de humanidades em faculdades e institutos separados, sob o argumento de que a separação racionaliza recursos e poderes, avaliações e produção. No caso das humanidades, portanto, o projeto de modernização é a fragmentação, pois esta favorece procedimentos de contabilidade e de rendimento.

A universidade como supermercado

Se fiz um percurso tão longo é porque julgo que não podemos discutir o tema da produção e da produtividade universitárias, em geral, e das humanidades, em particular, sem termos compreendido o contexto em que essas

---

linguísticas e literaturas seriam transferidas para a pós-graduação e, no plano das licenciaturas, haveria essas disciplinas somente para as línguas a serem ministradas no segundo grau.

No caso das ciências sociais, a tendência é tratá-las segundo o modelo do *New Deal* e de seu uso para o Estado de Bem-Estar Social, caso projetos políticos de cunho social-democrata consigam vigorar no país. A ciência política, por seu turno, tende a encaminhar-se para as pesquisas no campo dos sistemas partidários e dos sistemas eleitorais, acoplando-se à indústria política.

No caso da história e da geografia, tudo indica que a graduação será no estilo da licenciatura curta e o treinamento para pesquisa será feito só na pós-graduação. Algo semelhante poderá ser proposto para a filosofia, caso permaneça no ensino de segundo grau. No caso da filosofia, a graduação poderá voltar-se para a formação do corpo docente de segundo grau e para o aprimoramento cultural dos graduados em outras áreas cursando pós-graduações específicas. Quanto à pós-graduação, haveria a tendência a acoplá-la a grupos nacionais de pesquisas sob a orientação da Associação Nacional de Pós-Graduação em Filosofia e a centros de excelência, conveniados com a universidade. A graduação seria, como no caso das línguas e das ciências sociais, história e geografia, fortemente instrumental.

expressões vieram à baila. Sem esse contexto, não podemos compreender por onde passam as divergências nas propostas de reforma universitária. Ao iniciar este texto, disse que a insatisfação generalizada com a universidade não pode esconder as diferenças, cuja origem é social, e que as propostas de reforma universitária precisam ser encaradas à luz de a qual ou a quais das insatisfações estão respondendo. As várias propostas de modernização respondem – quer seus autores gostem ou não disso – às insatisfações das grandes empresas e da classe média. Quanto mais não fosse, bastaria examinar o *léxico* empregado por elas para percebermos quem são seus interlocutores. Esse léxico é marcado por termos como elite, demanda, eficácia, rendimento, competitividade, competência, maturidade. E essas palavras designam o campo de pensamento que lhes dá sentido. Via de regra, o diagnóstico é comum a todas as propostas, tanto às que se dizem modernizadoras quanto às que se dizem democratizadoras. A diferença entre elas passa pelos remédios que receitam e é na hora da receita que as primeiras introduzem as palavras produção e produtividade. Ao fazê-lo, imputam às demais propostas seu antônimo, isto é, a improdutividade. É difícil, num campo assim balizado, criticar essas noções, pois estão conotadas positivamente e seus críticos já têm meia batalha perdida. Prova disso foi o episódio do "listão de improdutivos": respondemos provando que éramos produtivos, aceitando as regras do jogo porque os interlocutores, no caso a classe média leitora de jornais cujos filhos são nossos estudantes, já havia assumido a suposta verdade da produtividade.

Pessoalmente, desagrada-me que gente empenhada em melhorar a universidade considere que para fazê-lo é preciso tratar os oponentes, que também visam à melhoria universitária, como se fossem imbecis ou cães raivosos. Se a universidade lida justamente com a constituição dos saberes e sua história, deveria estar acostumada, por dever do ofício, a encarar as divergências como fecundas, em lugar de tratá-las como barbárie, pois, como disseram vários filósofos, a barbárie é a multidão tangida pelo medo e vivendo na solidão, alimentando e sendo alimentada pelo ódio. Instalou-se entre nós uma prática perversa, a da surdez. Há, pelos *campi* universitários, absoluta incapacidade para ouvir a palavra alheia, dar-lhe atenção, medi-la, confrontar-se com ela. Há muito poder, dinheiro e prestígio em jogo, dirão muitos. Sem dúvida. A questão é saber se esse é o jogo que gostaríamos de jogar. Quando examinamos as propostas de democratização – que contêm tantos equívocos quanto as da modernização – ressalta uma preocupação fundamental: redefinir o poder na universidade e redefinir ensino e pesquisa a distância do que foi imposto pela ditadura. Não seria esta a primeira tarefa? As propostas de modernização criticam o poderio da burocracia, pretendem criar-lhe um contrapoder, neutralizando-o. Todavia, esse contrapoder é concebido como o de uma elite de sábios, o que lança o restante dos universitários à margem das lutas antiburocráticas e à margem das decisões da política cultural. Essa marginalização tenderá a transformar a elite de sábios numa nova burocracia – a palavra não é boa, mas não me agrada sua irmã, a tecnocracia – porque parte de um princípio antidemocrático e oligárquico, isto é, a confusão entre discernimento político e conhecimentos técnicos para a administração da universidade. É esse perigo, ainda que confusamente, que percebe a proposta de democratização e por isso sua aparente dificuldade para contrapor-se à produtividade, pois a proposta de democratização deseja pôr-se à altura de sua oponente garantindo-lhe ter igual direito à palavra e à decisão porque seus proponentes também são respeitáveis, isto é, produtivos. Essa é a armadilha do confronto num campo já balizado por valores.

Indaguemos, então, para finalizar e propor nosso debate: o que seria a produtividade nas humanidades? Número de publicações? Que nos deem, então, gráficas e editoras universitárias, já que não podemos ficar à mercê do mercado editorial, cujos critérios não são os nossos e que nos deixariam altamente improdutivos. Mas publicações traduzem verdadeiramente nosso trabalho? O melhor que fazemos não leva décadas até que sintamos valer a pena publicar? Que fazer com os anos de trabalho silencioso? Não se traduziram nas aulas que ministramos, nas conferências que pronunciamos? Como medir a produtividade das aulas? Pelo número de alunos aprovados? Mas, e se nosso assunto for árido e difícil e grande número de estudantes desistir de nosso curso? Não vale nada o que pesquisamos e o que dissemos? Fala-se muito na evasão universitária, tomada como uma das medidas para a produtividade (negativa, evidentemente). Mas alguém pesquisou quais são os estudantes que permanecem e por que permanecem? Alguém pesquisou por que estudantes escolheram determinados cursos e descobriram seu engano? Lê-se numa das propostas de modernização que a universidade não é o templo do saber, mas "uma espécie de supermercado de bens simbólicos ou culturais" procurados pela classe média. Se a universidade for um supermercado, então, teremos uma resposta para os critérios de produtividade.

De fato, o que é um supermercado? É a versão capitalista do paraíso terrestre. O jardim do Éden era o lugar onde tudo existia para a felicidade do homem e da mulher, sem trabalho, sem pena, sem dor. Quando fazemos compras num supermercado, as estantes de produtos ocultam todo o trabalho que ali se encontra: o trabalho da fabricação, da distribuição, do arranjo, da colocação dos preços. Ali estão como frutos no pomar, legumes e hortaliças na horta, a caça nos bosques e os peixes nos mares e rios, ou como objetos nascidos da magia de gnomos noturnos, sob o comando de fadas benfazejas. Até chegarmos à caixa registradora para o pagamento... Já observaram as brigas familiares nos caixas? A caixa registradora é o fim do jardim paradisíaco e o retorno à brutalidade do mercado. Se a universidade for um supermercado, então, nela entram os felizes consumidores, ignoram todo o trabalho contido numa aula, num seminário, numa dissertação, numa tese, num artigo, num livro. Recebem os conhecimentos como se estes nascessem dos toques mágicos de varinhas de condão. E, no momento das provas, ou querem regatear os preços ou querem sair sem pagar ou abandonam o carrinho com as compras impossíveis, xingando os caixas. Nesse supermercado, a produtividade é flutuante: há a dos empregados invisíveis que, à noite, receberam as mercadorias, puseram preços e as colocaram nas estantes; há a dos trabalhadores ainda mais invisíveis que fabricaram ou colheram os produtos; há a dos atravessadores e a dos caminhoneiros que os transportam; há a dos fiscais, dos caixas, dos supervisores, dos que estão encerrados nos escritórios; há a dos proprietários, competindo no mercado; e há a do consumidor, calculada pelo seu salário e pela quantidade e qualidade de bens que possa comprar. É assim a universidade? Se o for, nossa produtividade será marcada pelo número de produtos que arranjamos nas estantes, pelo número de objetos que registramos nos caixas, pelo número de fregueses que saem contentes, pelo número de carrinhos que carregamos até os carros no estacionamento, recebendo até mesmo gorjeta por fazê-lo. Mais do que isso. Porque a universidade não foi comparada às fábricas nem às bolsas de valores, nossa produtividade é bastante curiosa, pois num supermercado nada se produz, nele há circulação e distribuição de mercadorias, apenas. Nossa produtividade seria improdutiva, em si, e produtiva apenas em relação a outra coisa, o capital propriamente dito.

4
Vocação política e vocação científica da universidade[1]

Introdução

No interior do tema geral "Universidade: ética e cidadania", os reitores das universidades brasileiras me propuseram que discutisse sobre a dupla vocação da universidade, e julguei valer a pena lembrar que, antes de qualquer outra, a vocação política teve prioridade na criação das universidades públicas e privadas no Brasil. Sob três aspectos principais, em momentos históricos diferentes, essa vocação se manifestou: nas universidades públicas criadas na primeira metade do século, a partir da visão liberal e, portanto, da ideia do saber desinteressado ou da não interferência

---

[1] Palestra proferida por ocasião da 56ª Reunião Plenária do CRUB, realizada em Manaus, de 29 a 31.1.1993. Revisado, pela autora em novembro de 1993. Originalmente publicado na revista *Educação Brasileira*, n.31, p.11-26, 1993.

recíproca entre Estado e Universidade, e Sociedade e Universidade; nas universidades criadas a partir dos anos 50, no bojo da luta pela escola pública gratuita, inserindo a universidade no contexto do direito à educação e à pesquisa aberta a todas as classes sociais e capaz de oferecer ao Estado quadros para a ampliação da cidadania educacional; e nas universidades criadas a partir dos anos 70, no interior do campo autoritário, com a função de realizar a tarefa estatal de controle e censura do pensamento, limitar o acesso ao saber e, sobretudo, responder às necessidades da indústria e das finanças, isto é, da tecnologia e da economia.

Essa observação inicial tem por objetivo indicar que, ao falar na vocação política da universidade, estarei pensando mais na ideia de um projeto político, proposto pela própria universidade, pelo qual se definam modos de inserção da universidade no campo político, e não tanto nos projetos do Estado na criação das universidades.

Compatibilidade entre as duas vocações

Penso que contamos com inúmeros exemplos históricos que apontam a compatibilidade entre a vocação científica da universidade e sua vocação política. A relação entre o saber e o poder nos vem de um exemplo clássico e de um contemporâneo. O exemplo clássico é o dos gregos. Com o nascimento da democracia, a educação aristocrática de formação do guerreiro belo e bom, formado pela poesia de Homero e Hesíodo e pelo aprendizado da ginástica e da dança, cedeu lugar ao ideal da formação do cidadão que pudesse exercer na assembleia seus dois direitos fundamentais – o da isonomia e o da isegoria. Essa educação democrática exigia também que o conhecimento dos negócios da cidade não ficasse na dependência dos deuses e dos círculos religiosos de iniciados em mistérios, mas fossem do conhecimento de todos. Com isso, como diz Moses Finley, os gregos inventaram a política, (isto é, eles inventaram o espaço público de instituições públicas, de decisões tomadas em público pelo voto, separaram o espaço público e o privado, a autoridade religiosa e o poder político) e, ao mesmo tempo, e não por acaso, criaram a filosofia (o conhecimento racional e sistemático da natureza e do homem). Inventaram, ao mesmo tempo, a ideia ocidental do poder e da razão e criaram escolas – a Academia de Platão, o Liceu de Aristóteles, a Escola Sofística de Isócrates – para a formação do cidadão e do sábio com uma única educação e uma única vocação.

Essa relação íntima entre cidadania e conhecimento só se desfez quando o poder voltou às mãos de oligarquias e impérios monárquicos. Mesmo estes, no entanto, foram capazes de perceber que o vínculo entre o saber e o poder seria a marca do Ocidente e, não por acaso, as universidades surgem na Idade Média para formular as teorias jurídicas e teológicas de fundamento do poder político. Também não por acaso, o período das descobertas marítimas, na Península Ibérica, em Sagres e Salamanca, revela as monarquias patrocinando o trabalho científico, assim como, no caso da Inglaterra, os pensadores e cientistas, à volta de Francis Bacon, criaram círculos de estudo e pesquisa voltados para o domínio da natureza, patrocinados pela Coroa, donde resultaria a criação da Royal Society.

Perante a antiga universidade medieval, a grande inovação dos círculos científicos que anunciam o surgimento da universidade moderna consiste em que os círculos modernos retomaram dois aspectos das escolas filosóficas gregas. Primeiro, o seu caráter público ou aberto, isto é, a ciência não é privilégio de corporações de ofício, mas deve e pode ser realizada por todos; e, segundo, o seu caráter coletivo, isto é, o conhecimento é vasto e importante demais para ser obra de um só ou de uns poucos.

O segundo exemplo, nosso contemporâneo, é dado pelos eventos que, genericamente, chamamos de "1968", para enfeixar os movimentos sociais, os movimentos de direitos civis, os movimentos estudantis, os movimentos guerrilheiros da América Latina e os movimentos libertários da antiga Europa do Leste. Em todos eles, o ponto de partida, se não foi a universidade como instituição, foi a universidade como irradiadora de conhecimento e de práticas novas, muitas das quais visando à transformação da própria universidade – para o seu bem ou para o seu mal. Em maio de 1968, partem dos *campi* universitários os movimentos contra a guerra do Vietnã, pela liberação feminina, pelos direitos dos negros, pela redemocratização no Brasil. A formação lenta e difícil do "Solidariedade" teve como ponto de partida os universitários tchecos de Praga.

Os exemplos dados se referem ao que podemos chamar de face luminosa da vocação política da universidade. Mas há também a face sombria, isto é, a realização da vocação por meio da vocação científica, sem que essa relação seja explicitamente admitida ou pública. As pesquisas nucleares e genéticas, o suprimento científico para o poder armamentista são alguns aspectos dessa face sombria. Essa face sombria, na verdade, não depende da boa ou má vontade da universidade, nem da boa ou má consciência dos universitários, mas do modo de inserção da universidade no social, isto é, do seu papel de reprodutora dos sistemas econômicos e políticos, por meio dos intelectuais orgânicos da classe dominante que somos nós, queiramos ou não, para usarmos a expressão gramsciana. A função reprodutora da universidade foi brilhantemente analisada por Bourdieu e não precisamos voltar a esse aspecto.

A articulação das duas vocações da universidade, quando feita a partir dela mesma e por iniciativa dela, tende a nos oferecer a face luminosa das duas vocações, pois a universidade assume explícita e publicamente tal articulação como algo que a define internamente. A articulação das duas vocações da universidade, quando feita do prisma da reprodução sociopolítica e da formação de um grupo social específico – o que chamo de intelectuais orgânicos da classe dominante –, tende a oferecer a face sombria, pois a articulação é tácita, implícita e, muitas vezes, secreta e, frequentemente, determinada pela via indireta do modo de subvenção e financiamento das pesquisas como se fossem "ciência pura".

A compatibilidade das duas vocações também aparece sob outras duas formas: pelos serviços – hoje chamamos de extensão – que a universidade presta à sociedade sob a orientação do poder político ou em cooperação com ele, e pela cessão de quadros universitários, tanto para funções no interior do que Bresser Pereira designa como tecnoburocracia quanto para funções dirigentes na administração pública. Essas duas modalidades de articulação, no Brasil, tendem a ser muito mais fortes, presentes e visíveis no Norte e no Nordeste do país, onde o Estado é quase a única força econômica, social e política existente, e a sociedade civil não é regida pelos imperativos do mercado que diluem a forte presença estatal, como é o caso do Sul e do Sudeste. No Norte e no Nordeste, o Estado absorve serviços e pessoal produzidos pela universidade; no Sul e no Sudeste, o Estado tende a selecionar os serviços que lhe são necessários ou convenientes e a absorver os quadros de direção político-administrativa. Na medida, porém, em que todas essas formas de absorção dos quadros científicos e serviços universitários se realizam por iniciativa do Estado, e não por um projeto interno à própria universidade, isto é, não por uma decisão que a universidade tome explicitamente, a percepção da relação entre as duas vocações tende a diluir-se, aparecendo como ação fortuita do Estado ou como carreira individual e pessoal de alguns quadros universitários.

O vínculo que o modo de produção capitalista estabeleceu entre a ciência, a tecnologia, as forças produtivas e as classes sociais, de um lado, e entre o Estado e o mercado, de outro, faz que seja ilusório ou abstrato negar a compatibilidade das duas vocações. Isso não quer dizer, porém, que a relação entre ambas seja simples, direta, imediata e sem conflitos. Por mais seletiva e excludente que seja a universidade, ainda assim, em seu interior, reaparecem divisões sociais, diferenças políticas e projetos culturais distintos, ou seja, a universidade é uma instituição social e, nessa qualidade, ela exprime em seu interior a realidade social das divisões, das diferenças e dos conflitos. O que é angustiante é a universidade querer sempre esconder isso e deixar que só em momentos específicos – por exemplo, na eleição de um reitor, na discussão de um estatuto – essas coisas aflorem. Por esse motivo, a universidade nunca trabalha os seus próprios conflitos internos. Ela periodicamente opera com eles, mas ela se recusa, em nome da sua suposta vocação científica, a aceitar aquilo que é a marca do Ocidente: a impossibilidade de separar conhecimento e poder.

Incompatibilidade entre as duas vocações

A primeira incompatibilidade entre as duas vocações da universidade surge quando examinamos a diferença da temporalidade que rege a docência e a pesquisa e a que rege a política.

O tempo da política é o aqui e o agora. O planejamento político, mesmo quando distingue o curto, o médio e o longo prazos, é feito com um calendário completamente diferente do planejamento científico, pois o tempo da ação e o tempo do pensamento são completamente diferentes. Além disso, a ação política se realiza como tomada de posição e decisão acerca de conflitos, demandas, interesses, privilégios e direitos, devendo realizar-se como respostas à pluralidade de exigências sociais e econômicas simultâneas. A ação política – democrática – é, ao mesmo tempo, heterônoma e autônoma. Heterônoma, pois a origem da ação encontra-se fora dela, nos grupos e classes sociais que definem suas carências, necessidades, interesses, direitos e opções. Autônoma, pois a origem da decisão política encontra-se nos grupos que detêm o poder e que avaliam, segundo seus próprios critérios, a deliberação e a decisão. De todo modo, porém, a velocidade, a presteza da resposta política e o seu impacto simbólico são fundamentais, e o seu sentido só aparecerá muito tempo depois da ação realizada.

Ao contrário, o tempo da docência e da pesquisa segue um outro padrão e uma outra lógica. Os anos de ensino e formação para a transmissão dos conhecimentos, a invenção de novas práticas de ensino, as alterações curriculares exigidas pelas consequências e inovações das pesquisas da área que está sendo ensinada e aprendida, as condições materiais de trabalho, bibliotecas e laboratórios exigem que o tempo da docência se constitua segundo sua lógica e sua necessidade internas específicas. Do lado da pesquisa, a preparação dos pesquisadores, a coleta de dados, as decisões metodológicas, as experiências e verificações, os ensaios e erros, a necessidade de refazer percursos já realizados, o retorno ao ponto zero, a recuperação de pesquisas anteriores nas novas, a mudança de paradigmas de pensamento, a descoberta de novos conceitos feitos em outros campos do saber (não diretamente vinculados ao campo pesquisado, mas com consequências diretas ou indiretas sobre o andamento e as conclusões de pesquisa), a exigência lógica de interrupções periódicas, a necessidade de discutir os passos efetuados e controlá-los, enfim, tudo aquilo que caracteriza a pesquisa científica – sem falarmos aqui nas condições materiais de sua possibilidade, como a inexistência de recursos para prosseguir numa linha que deverá ser abandonada por outra para a qual existam recursos materiais e humanos além de saber acumulado – faz que o tempo científico e o tempo político sigam lógicas diferentes e padrões de ação diferentes.

Assim como seria suicídio político pretender agir somente mediante ideias claras, distintas e absolutamente precisas, rigorosas e logicamente verdadeiras, também seria suicídio teórico pretender submeter o tempo da pesquisa ao da velocidade e imediatismo da ação política. A política parece não ter tempo para adiantar-se aos resultados do seu próprio trabalho. É por isso, aliás, que a política não é uma ciência, embora exista uma ciência política que não é política propriamente dita (é uma ciência sobre a política e não da política). Essa diferença das temporalidades leva a supor que a vocação política da universidade precisa subordinar-se à sua vocação científica: a ação política só pode apropriar-se da pesquisa científica depois que esta estiver consolidada e não pode impor a ela outro ritmo que não o do pensamento. Porém, isso leva a duas outras consequências. Primeira, a de que os objetivos de uma política podem auxiliar materialmente o tempo da pesquisa, tornando-o mais rápido, graças a condições materiais da sua realização; segunda, que a pesquisa científica pode orientar projetos políticos, na medida em que pode oferecer elementos de elucidação da própria ação política.

A segunda incompatibilidade decorre da natureza da política democrática, fundada na alternância periódica dos ocupantes do poder. Essa alternância, essencial à democracia, significa que, periodicamente, a sociedade pode decidir seja pela continuidade seja pela descontinuidade das políticas, isto é, de um projeto político ou de um conjunto de políticas públicas.

A vocação científica da universidade, porém, só pode realizar-se se houver continuidade dos projetos e programas de formação e pesquisa. Evidentemente, uma política não precisa ser exclusivamente a que emana dos órgãos públicos dirigentes do Estado, podendo ter outras origens e finalidades. Nesse caso, a incompatibilidade das duas vocações pode ser superada na medida em que a universidade se engaje em políticas de longo prazo que não estejam submetidas ao tempo descontínuo da política estatal.

A terceira incompatibilidade entre as duas vocações decorre da estrutura social brasileira. A sociedade brasileira é uma sociedade autoritária, tecida por desigualdades profundas e gera um sistema institucionalizado de exclusões sociais, políticas e culturais. Isso faz que a vocação científica tenda a reforçar a exclusão social. E essa exclusão pode ainda ser aumentada se a vocação política da universidade for na mesma direção da que está imposta para o todo da sociedade, podendo, porém, entrar em choque com esta última, se a vocação política se propuser a diminuir o sistema de exclusões e, portanto, contestar o caráter excludente da vocação científica. A ampliação social da universidade, no entanto, pode não corresponder às condições de formação e da pesquisa científica. A equação perversa que parece estabelecer-se, portanto, é de que a boa realização da vocação científica afasta uma vocação democrática da universidade e reforça uma política de desigualdades culturais, fundada nas desigualdades sociais e econômicas.

A última incompatibilidade entre as duas vocações vem aumentando à medida que crescem e se expandem a ideologia e a política neoliberal, uma vez que deixam por conta do mercado a definição das prioridades de formação e pesquisa científica, de sorte que a privatização do saber entra em choque com uma política de abertura e expansão da universidade ou, em lugar do choque, produz a compatibilidade sombria, submetendo a vocação política da universidade à privatização imposta à sua vocação científica.

O estreitamento do campo público e o alargamento do espaço privado, isto é, o neoliberalismo, criam um fosso entre as duas vocações da universidade e tendem a fazer que esta última aceite a regra do jogo e proponha uma política neoliberal para a formação e a pesquisa científicas.

Impasses da universidade

A compatibilidade e a incompatibilidade entre as duas vocações da universidade colocam esta última sob os efeitos de um impasse que se exprime em impasses derivados:

1. A precariedade da profissionalização oferecida pela universidade, seja porque o tempo exigido pela formação e pela pesquisa são incompatíveis com o tempo da política e com o tempo e a lógica do mercado, seja porque as exigências deste último interferem na qualificação dos profissionais que a universidade forma. Há uma desqualificação crescente da mão de obra universitária, e esse fenômeno é mundial.

2. Os equívocos que a universidade vem cometendo no processo de avaliação de suas atividades e realizações. A avaliação é indispensável, porque pode ser a fonte de compatibilização das duas vocações da universidade por três motivos:

I. orienta a política para suprir carências, resolver demandas, quebrar bolsões de privilégios e de inoperância;

II. torna a universidade portadora de um saber sobre si mesma, que auxilia a sua luta para defender-se, para exigir condições materiais e humanas de trabalho e para compreender a sua própria história, o seu modo de inserção na sociedade e propor o seu projeto futuro;

III. exige a prestação de contas aos cidadãos que sustentam a instituição de maneiras variadas, mormente por meio dos impostos.

Ora, as avaliações que vêm sendo feitas nas universidades não preenchem nenhuma dessas três finalidades, e isso por uma razão básica: a universidade, em lugar de criar os seus padrões e critérios próprios de avaliação, imita, e mal, os padrões da empresa privada e da lógica do mercado. Por mais paradoxal que pareça (e para mim esse é um paradoxo quase intolerável), a universidade, que é responsável pela criação e invenção de métodos de pesquisa e de avaliação da realidade, até agora mostrou-se incapaz de criar os métodos e critérios da sua autoavaliação, e imita muito mal os procedimentos adotados pelas empresas cuja lógica é diversa da lógica universitária. O paradoxo consiste em que a universidade – lugar onde todas as coisas se transformam em objetos de conhecimento – não consegue colocar-se como objeto de conhecimento e inventar os procedimentos para a pesquisa de si mesma. Diante da universidade, os cientistas e pesquisadores parecem tomados pela ignorância e pela perplexidade, como se estivessem diante de um fenômeno opaco e incompreensível. Como consequência, a universidade não foi capaz de criar os seus próprios indicadores e passou a usar um indicador que tem sentido nas empresas, mas não se sabe qual seria o seu sentido na docência e na pesquisa: a chamada "produtividade". Assim, os resultados da avaliação universitária têm sido:

1. *Com relação ao autoconhecimento da universidade*: quase nada é conseguido, na medida em que, em lugar de uma interpretação de dados qualitativos e quantitativos propostos pela universidade, a avaliação oferece um catálogo ao qual é acrescentado um conjunto de conceitos abstratos: Bom, Sofrível, Regular, Mau, como se um catálogo de atividades oferecesse as informações necessárias para a interpretação e permitisse que esta última fizesse autoavaliação universitária. Os relatórios obtidos não se distinguem de listas telefônicas e com menos utilidade do que estas.

2. *Com relação à especificidade da ação universitária* (isto é, do ensino e da pesquisa): em lugar de a avaliação permitir à universidade conservar um de seus bens mais preciosos, que a distinguem de todas as outras instituições e, particularmente, das empresas públicas e privadas, aquela tende a copiar o modelo destas.

Qual é a especificidade e o bem mais precioso da universidade? Ser uma instituição social constituída por diferenças internas que correspondem às diferenças dos seus objetos de trabalho, cada qual com uma lógica própria de docência e de pesquisa, ao contrário das empresas que, por força da lógica do mercado, operam como entidades homogêneas para as quais os mesmos padrões de avaliação podem ser empregados em toda a parte: custo/benefício, quantidade e qualidade, velocidade da produção, velocidade da informação, eficiência na distribuição de tarefas, organização da planta industrial, modernização dos recursos de informação e conexão com o sistema mundial de comunicação etc. No caso da universidade, além de os critérios não poderem ser os mesmos da produção industrial e da prestação de serviços pós-industrial, a peculiaridade e a riqueza da instituição estão justamente na ausência de homogeneidade, pois os seus objetos de trabalho são diferentes e regidos por lógicas, práticas e finalidades diferentes. Não seria um absurdo, por exemplo, se considerássemos que a linguagem simbólico-metafórica ou a polissemia que caracteriza a filosofia e a literatura fossem tratadas da mesma maneira que a linguagem simbólico-algorítmica e unívoca da matemática ou da física? Se as linguagens são diferentes, é de supor que o ensino de literatura e filosofia sejam diferentes do ensino da matemática e da física, assim como são diferentes os seus modos de pesquisa, os seus tempos de pesquisa, os seus tempos e a forma de apresentação de resultados. Certamente, em literatura e filosofia, um livro é muito mais sério, importante e demorado do que um artigo, enquanto, pelo que fui informada, na física e na matemática se dá exatamente o contrário (estou dizendo isso porque na avaliação que é feita na Universidade de São Paulo um livro vale menos que um artigo). O objeto da sociologia e da engenharia são de tal modo distintos que seria absurdo esperar que a docência, a pesquisa e a lógica da investigação e da transmissão de conhecimentos, assim como as formas de exposição dos resultados e o tempo para a sua obtenção pudessem ser os mesmos.

As avaliações em curso abandonam essa especificidade, essa riqueza, isto é, aquilo que eu chamaria de a essência da universidade, e que só ela possui entre as instituições modernas. Em lugar de valorizar a diferença e a heterogeneidade, as avaliações as consideram um obstáculo e se propõem a produzir, de qualquer maneira, a homogeneidade. Resultado: a avaliação não avalia coisa alguma e redunda num catálogo perfeitamente inútil, pois emprega indicadores que não correspondem à especificidade de seu objeto. Temos um caso em que a vocação política da universidade é prisioneira de um modelo externo a ela, prejudicando, assim, sua vocação científica.

3. *Com relação à prestação de contas à sociedade*: as avaliações em curso não cumprem essa finalidade, pois, para cumpri-la, seria necessário que:

I. cada curso fosse apresentado nos seus custos totais e parciais e que o orçamento não aparecesse em números agregados;

II. cada pesquisa revelasse os seus custos, o tempo necessário de realização, o número de pessoas envolvidas;

III. cada curso expusesse a que e a quem se destina, qual a sua finalidade na formação dos estudantes;

IV. cada pesquisa mostrasse a que se destina, qual a origem dos seus recursos, qual o destinatário de seus resultados;

V. que a universidade demonstrasse com absoluta clareza como distribui os seus recursos internos, quais as prioridades estabelecidas e por quê; que projetos de docência e pesquisa são desenvolvidos como prioritários e por quê; como ela adquire seus equipamentos, monta seus laboratórios e bibliotecas, quanto gasta com o corpo de funcionários das atividades-meio e por quê; e apresentasse o orçamento em números não agregados;

VI. que fossem explicitados todos os convênios públicos e privados, os seus montantes, as suas origens e finalidades, quem são os beneficiários desses convênios, que pesquisas estão destinadas a auxiliar políticas públicas, quais são destinadas a auxiliar empresas privadas, quais estão voltadas para demandas da sociedade civil, quais se realizam como ampliação do campo de conhecimento a que a universidade se dedica e que ela tem como função primeira e fundamental realizar;

VII. qual o planejamento pedagógico, científico e orçamentário, anual e quadrimestral, quem o propôs, quem o aprovou, por quê, como esses recursos são gerenciados;

VIII. qual o conjunto de conhecimentos produzido pela universidade que está à disposição da sociedade, onde ele se encontra, como a sociedade pode usá-lo, como ela pode beneficiar-se com ele.

Se, no caso da docência e da pesquisa, a avaliação produz catálogos e listas, no caso das contas sequer chega a oferecer um balancete, senão os que a lei exige para enviar ao Poder Legislativo e aos tribunais de contas e que são suficientemente herméticos e agregados para impedir sua compreensão pela sociedade e pela própria universidade.

Além dos dois primeiros impasses (precariedade da profissionalização e precariedade da avaliação), a universidade sofre um outro, qual seja, o de não saber trabalhar a manifestação intramuros das diferenças e dos conflitos políticos, internos e externos. Ao dizer que ela não sabe trabalhar com isso, estou dizendo que tentamos ocultar, disfarçar e dissimular essas diferenças. Três caminhos são usados por nós para esse ocultamento: 1. o uso da vocação científica como escudo de neutralidade política; 2. a repetição, dentro da universidade, dos dois grandes padrões da política brasileira, o clientelismo e o fisiologismo das cúpulas dirigentes e o corporativismo do corpo docente, discente e dos funcionários; 3. as armas da burocracia.

Esses impasses revelam que a universidade está sem um projeto nacional, não parece disposta a refletir sobre as suas vocações, a perceber em que são compatíveis e incompatíveis, não parece disposta a superar a tradição do avestruz, que, no nosso caso, consiste em erguer a bandeira da vocação científica sempre que a vocação política questiona a primeira, e a erguer a bandeira da vocação política sempre que os resultados da docência e da pesquisa são medíocres. Não há clareza nas relações com as várias esferas do poder público. Não há clareza na definição das formas de relação com a sociedade, a universidade oscilando entre a ideia da *extensão* universitária e a da *exclusão* universitária, entre a identificação do social com as empresas privadas e com os partidos políticos. Não há uma vocação política para orientar a vocação científica rumo à melhoria e à recuperação do ensino de primeiro e de segundo graus. Não há uma política do livro, do laboratório, para a pesquisa, e a melhor prova disso é o modo como os equívocos das avaliações repercutem no financiamento de pesquisas e na determinação crescente do conteúdo e do tempo das pesquisas, pelas necessidades diretas e imediatas das empresas que, por vias tortas, subvencionam os trabalhos universitários.

Do ponto de vista teórico, ou da vocação científica, a universidade brasileira precisa tomar posição ante a *crise da razão*, instalada com o pós-modernismo, ideologia específica do neoliberalismo. Não podemos dizer que somos contrários ao neoliberalismo, se não avaliarmos o seu efeito teórico no interior da universidade, determinando a forma, o conteúdo, as metodologias de pesquisa ligadas à "crise da razão" – afirmada pelo pós-modernismo, e que é a expressão do neoliberalismo.

Do ponto de vista prático, ou da vocação política, a universidade brasileira precisa tomar posição ante o modelo neoliberal, de um lado, e a democratização do país, de outro.

A economia capitalista mundial, conhecida como neoliberalismo, constitui-se como aquilo que alguns chamam de "acumulação flexível do capital", isto é, o fim do modelo industrial fordista e do modelo político-econômico keynesiano. Ao modelo fordista, a economia responde com a terceirização, a desregulação, o predomínio do capital financeiro, a dispersão e fragmentação da produção e a centralização/velocidade da informação e a velocidade das mudanças tecnológicas. Ao modelo keynesiano do Estado do Bem-Estar, a política neoliberal responde com a ideia do Estado mínimo, a desregulação do mercado, a competitividade e a privatização da esfera pública.

A esse duplo modelo econômico político, corresponde, do lado da ideologia, o predomínio do fetichismo da mercadoria; do lado da sociedade, o processo crescente da exclusão social, a partir da exclusão econômica da classe trabalhadora; e do lado das teorias, a crise da razão. Esta crise se exprime, de um modo muito simplificado, em quatro aspectos:

I. negação de que haja uma esfera da objetividade. Esta é considerada um mito da razão, e em seu lugar surge a figura da subjetividade narcísica desejante;
II. negação de que a razão possa propor uma continuidade temporal e captar o sentido imanente da história. O tempo é visto como descontínuo, a história é local e descontínua, desprovida de sentido e necessidade, tecida pela contingência;
III. negação de que a razão possa captar núcleos de universalidade no real. A realidade é constituída por diferenças e alteridades, e a universalidade é um mito totalitário da razão;
IV. negação de que o poder se realize a distância do social, por meio de instituições que lhe são próprias e fundadas tanto na lógica da dominação quanto na busca da liberdade. Em seu lugar existem micropoderes invisíveis e capilares que disciplinam o social.

Categorias gerais como universalidade, necessidade, objetividade, finalidade, contradição, ideologia, verdade são consideradas mitos de uma razão etnocêntrica, repressiva e totalitária. Em seu lugar, aparecem: o espaço-tempo fragmentado, reunificado tecnicamente pelas telecomunicações e informações; a diferença, a alteridade; os micropoderes disciplinadores; a subjetividade narcísica; a contingência, o acaso; a descontinuidade, e o privilégio do universo privado e íntimo sobre o universo público; o mercado da moda, do efêmero e do descartável. Não por acaso, na cultura, o romance é substituído pelo conto, o livro, pelo *paper*, e o filme, pelo videoclipe. O espaço é sucessão de imagens fragmentadas; o tempo, pura velocidade dispersa.

A universidade, como instituição de docência e pesquisa, não pode passar ao largo dessa crise da racionalidade, pois a vocação científica da universidade depende da posição que ela tome ante o novo paradigma da razão ou da não razão.

Até o momento, nossas universidades têm tido uma atitude passiva, incorporam sem crítica e sem reflexão essa perda do antigo referencial da racionalidade. E é fácil comprovar a ausência de críticas pelos temas que são pesquisados – o gosto pelo micro, o gosto pela "diferença"; pela docência submissa aos estudantes como consumidores que esperam dos cursos a gratificação narcísica instantânea, como a televisão lhes dá; pelo fascínio dos *papers*, das parcerias, do vocabulários, da competitividade, da eficiência e da modernidade, como se a universidade, para esconder a crise da razão, operasse com categorias como a eficiência, a competitividade, a modernidade, categorias que ela não produziu e sobre as quais ela não tem ideia.

O que é grave é nossa inconsciência, pois a universidade está mergulhada no pós-modernismo *sem o saber*. Consequentemente, coloca-se passivamente diante do modelo neoliberal porque já o incorporou, sem que soubesse que o estava fazendo, incorporando passivamente a *ideologia* desse modelo que é o pós-modernismo.

No plano da política universitária, essa absorção passiva do neoliberalismo e do pós-modernismo se revela pela noção de que houve mesmo o fim da razão. Economicamente, o neoliberalismo opera sobre dois pilares: a dispersão da produção e dos serviços e a exclusão crescente de grupos e classes sociais da esfera do trabalho e, portanto, da esfera do consumo. Com isso, o neoliberalismo retira dos trabalhadores os referenciais de classe e, ao mesmo tempo, os deixa indefesos diante da exclusão e do desemprego. A resposta brasileira tem sido o corporativismo e a luta salarial. Essa resposta, também, foi passivamente absorvida pela universidade, e as lutas dos professores, estudantes e funcionários tornam-se cada vez mais corporativas. A universidade, também, não tomou uma posição diante desse problema. Com isso, a divisão socioeconômica e política é passivamente reproduzida por nós. Produtividade e competitividade: é o discurso da cúpula universitária; defesa da categoria, salários: é o discurso da comunidade universitária.

Propostas

Para concluir, deixo aqui algumas propostas para discussão:

Do ponto de vista teórico:

1. abrir linhas de pesquisa sobre a "crise da razão" e a ideologia pós-moderna;
2. abrir linhas de pesquisa sobre a forma e os efeitos da economia neoliberal num país que desconhece o Estado do Bem-Estar Social;
3. abrir linhas de pesquisa sobre necessidades e demandas sociais e políticas da maioria da população;
4. garantir recursos para abertura de novas linhas de pesquisa e consolidação das existentes no campo das ciências puras, exatas e biológicas.

Do ponto de vista da produção acadêmica:

1. reformular os currículos de graduação, sobretudo diminuindo o excesso de horas-aula que infantilizam

os alunos e garantindo maior tempo livre para as pesquisas e iniciação científica;
2. reformular os currículos de pós-graduação, sobretudo as exigências de prazos definidos por agências financiadoras externas que aplicam à universidade critérios temporais da produção empresarial;
3. redefinir prazos de mestrado e doutorado de acordo com as especificidades das áreas, evitando a homogeneidade que destrói o patrimônio da cultura universitária;
4. definir linhas de atuação em conjunto com o primeiro e segundo graus, tanto para atualização dos professores quanto para assessorias que garantam a melhoria do trabalho docente;
5. definir o modo de relacionamento com as agências públicas de financiamento de pesquisas, de modo a garantir que as condições materiais para as pesquisas (laboratórios, instrumentos de informatização, bibliotecas, relações com outros centros de pesquisa) sejam também cofinanciadas por elas, juntamente com as universidades;
6. definir campos de docência e de pesquisa interuniversitários, de modo a garantir não só a circulação das informações, mas que a diversificação seja assegurada e que todas as universidades possam determinar áreas de excelência que não se superponham nem multipliquem os esforços de maneira dispersa;
7. definir com clareza e publicidade as formas de parcerias com empresas privadas financiadoras de pesquisas, de modo a garantir que os trabalhos universitários não tenham destinação privada, quando feitos pelas universidades públicas.

Do ponto de vista administrativo:

1. planejamento orçamentário anual a partir da definição de prioridades pelas unidades e departamentos;

2. publicidade do planejamento orçamentário e apresentação do orçamento sem números agregados;
3. prestação de contas semestral da execução orçamentária para avaliação da comunidade universitária;
4. definição de sistema de bolsas para estudantes que prestem serviços à universidade e para os que fazem iniciação à pesquisa;
5. atualização e requalificação dos funcionários de acordo com um plano de cargos e carreiras, discutido e aprovado pelas associações da categoria;
6. prioridade para o tempo integral de dedicação exclusiva à docência e à pesquisa;
7. linhas de recursos orçamentários para contratação de professores e pesquisadores estrangeiros;
8. linhas de recursos orçamentários destinados à publicação dos trabalhos universitários (livros, revistas, periódicos);
9. descentralização administrativa e financeira de modo a garantir autonomia às unidades e aos departamentos, agilizando decisões e realizações;
10. administração colegiada em todas as instâncias de decisão universitária.

Do ponto de vista político:

1. definição de linhas de extensão universitária a partir de levantamento das necessidades e demandas sociais;
2. definição de formas de cooperação e de convênios com órgãos públicos para que pesquisas universitárias possam tornar-se políticas públicas;
3. redefinição dos critérios e finalidades da avaliação universitária;
4. reforço para as humanidades não só no interior de cada universidade, mas também junto aos órgão públicos de financiamento de pesquisas.

5
USP 94:
a terceira fundação[1]

Tenho sobre a mesa um documento de 1967, escrito pelo professor Simão Mathias, em nome da comissão de reestruturação da USP, e um conjunto de documentos de 1979, redigidos por membros da recém-criada Adusp, produzidos durante a primeira greve de docentes da Universidade. Ao lado, um artigo de 1984, do professor Azis Simão, rememorando, no ano do cinquentenário, a fundação da Universidade, os anos de ferro do terror político e do autoritarismo. Estão aqui, também, entrevistas, publicadas em vários jornais, com professores e pesquisadores, durante a comemoração dos 50 anos da Universidade. Mais além, documentos da Adusp, alguns de 1980, outros de 1984, sobre reestruturação da Universidade, questões salariais e divergências de posições entre

---

[1] Este artigo foi originalmente publicado na revista *Estudos Avançados*, v.8, n.22, 1994.

os diferentes autores. À sua volta, artigos e documentos de pesquisa, escritos por vários professores, entre 1988 e 1994, relacionados com a avaliação da Universidade. Coleção heteróclita, revela momentos de grandes debates e, outros, de monotonia repetitiva.

Entre o texto de 1967 e os textos de 1994 pressente-se um abismo, e, contraditoriamente, uma grande proximidade. Proximidade, porque todos os textos e entrevistas voltam-se para questões de fundo, relativas à estrutura da universidade, às suas finalidades, ao sentido da docência e da pesquisa, à exigência de autonomia universitária, de representatividade concreta dos órgãos colegiados de direção da USP e da qualidade do trabalho que deve ser realizado pela instituição acadêmica. Se tal proximidade não afasta o sentimento de distância intransponível não é porque cada um dos textos exprima seu momento histórico e, portanto, a diferença entre passado e presente. Não se trata de diferença dos tempos, mas de diferença temporal: os temas discutidos são os mesmos, mas seu conteúdo e significado não têm parentesco.

Abismo, portanto, porque o documento do professor Mathias refere-se à necessidade de passar das escolas e faculdades isoladas a uma universidade propriamente dita, com departamentos e institutos ou faculdades regidos por um estatuto comum, sob a direção da reitoria e de um conselho universitário articulado, enquanto os de 1979 insurgem-se contra o centralismo, a burocracia, a falta de representatividade do Conselho Universitário e exigem a autonomia universitária, os de 1984 indicam diferenças de perspectivas entre os que lutavam pela democratização e renovação da USP, e os de 1994 ocupam uma posição inversa à de Simão Mathias, advogando, agora, a racionalização e a modernização universitárias, por meio da divisão das diferentes atividades acadêmicas. O texto de Simão Mathias vem no bojo da luta pela escola pública; os textos de 1994, no do elogio à privatização de grandes parcelas do espaço público. Entre

1967 e 1994, as grandes mudanças na forma do modo de produção capitalista e, consequentemente, das reações sociais, do lugar ocupado pela ciência e pela tecnologia, das novas expectativas de uma sociedade de massa e de consumo, fascinada por imagens velozes e fugazes, determinaram outras maneiras de perceber a universidade e parecem impor-lhe outras finalidades.

Entre 1967 e 1984, uma nova USP foi criada. Houve uma segunda fundação. Quis a ironia da história que os prepostos da ditadura, na universidade, realizassem as propostas contidas no documento de Simão Mathias, disso resultando o que vimos: ali onde Mathias falava em integração, fez-se a centralização; onde falava em reformulação curricular e vestibular unificado por áreas de conhecimento, fez-se a escolarização e a massificação dos testes de múltipla escolha; onde propunha articular pesquisa básica e aplicada, graduação e pós-graduação, formação de novos docentes, pesquisadores e profissionais, fez-se a partilha entre pesquisa financiada por poder público e iniciativa privada, instituiu-se a distinção hierárquica e de prestígio entre os dois níveis do ensino, e a separação entre docentes, pesquisadores e profissionais ligados ao mercado.

Lendo o documento de 1967 e os vários textos aduspianos de 1979, pode-se observar que são muito semelhantes porque guiados por um mesmo espírito universitário. Entre eles há a continuidade de um projeto que a ditadura interrompera e que poderia ser retomado, na perspectiva do retorno democrático em curso no país. No entanto, entre o conjunto formado pelos textos de 1967 e 1979, de um lado, e os que foram produzidos em 1984, de outro, o contraste das propostas já é grande e torna-se uma fonte preciosa para a compreensão do que se passara e ainda se passa na USP.

De fato, a leitura desses escritos, particularmente do contraste entre 1967-1979 e 1984, lança algumas luzes históricas sobre a origem e as causas das posições adotadas por professores e estudantes entre 1970 e 1994, isto é, a discussão incansável sobre os efeitos da reforma universitária ditatorial e a necessidade de encontrar caminhos para desfazê-la. Mas também revela algo surpreendente, pois muito do que se passou a propor para a USP, no final dos anos 80 e início dos 90, cindindo os uspianos em várias facções, encontra-se em germe entre 1970 e 1984. Ali, já se anunciava a divisão entre os que desejavam manter as posições de defesa da democratização da universidade e aqueles que pretendiam corrigir os erros cometidos pela ditadura e prosseguir no projeto de modernização universitária. Em outras palavras, há hoje, na USP, um antagonismo que já não se traduz nos termos em que apareceu, sucessivamente, no correr dos anos 70 e início dos 80, colocando autonomia *versus* servilismo, representação *versus* autoritarismo, participação *versus* centralização, democratização *versus* modernização, mas se refere à questão contemporânea do público e do privado, dos conceitos de democracia, docência e pesquisa que se encontravam adormecidos e, ao despertarem, revelaram velhas e consideráveis diferenças entre os antigos aliados.

Explicitar essas diferenças tem sido tarefa de seminários, colóquios, artigos e entrevistas, cuja importância, todavia, não impediu a implantação de uma estrutura institucional que tende a aguçar as divergências, não tendo energia criativa para trabalhá-las e superá-las. Donde o sentimento de repetição monótona dos debates, em certos períodos, e agora mais do que nunca.

Imperceptivelmente, a estrutura e a organização da Universidade de São Paulo transformaram-se, apesar de críticas, alertas e discussões acaloradas. Se, em certas ocasiões, como durante os dois primeiros congressos realizados pela Adusp, ou durante a formulação e votação dos estatutos da Universidade, ou nas campanhas por eleições diretas das direções universitárias, parecia ser clara a percepção de risco iminente de uma reorganização da universidade bastante distanciada dos ideais da escola e da pesquisa públicas, da ênfase na qualidade da docência e nas formas de avaliação dos trabalhos e títulos acadêmicos, hoje esses temas possuem um tom nostálgico e envelhecido, sob o impacto do que se convencionou designar como modernização racionalizadora. Em suma, o que muitos pressentiam como risco possível tornou-se realidade.

Há, hoje, na Universidade de São Paulo, três tipos de escola que não correspondem à divisão institucional da universidade em institutos e faculdades, mas ao modo como a atividade universitária é pensada e exercida, os três tipos podendo existir e coexistir em qualquer dos institutos e faculdades: a que propicia prestígio curricular ao docente; a que oferece complementação salarial a docentes e pesquisadores; e a universidade pública.

A escola do prestígio curricular é aquela na qual o docente não é pesquisador e tampouco se dedica à docência em tempo integral, mas ali leciona em tempo parcial, dedicando-lhe algumas horas por semana. Embora a verdadeira profissão seja exercida noutro lugar (consultório, escritório particular, empresas privadas), o profissional tem interesse em apresentar-se com o currículo de professor da USP porque este vale clientes ricos ou um bom cargo na firma. Sabe-se que o regime do tempo parcial foi proposto a muitos profissionais eminentes para que a universidade pudesse contar com a experiência e o prestígio que lhe traziam. Hoje, porém, instalou-se a situação inversa, a USP legitimando carreiras não acadêmicas que prestigiam o docente e não a instituição.

A escola de complementação salarial é aquela em que as pesquisas são financiadas por empresas e organismos privados que subsidiam a montagem e manutenção de laboratórios, bibliotecas e equipamentos, congressos e simpósios nacionais e internacionais, publicações, bolsas, viagens e cursos no estrangeiro. Como esses recursos externos são vinculados pelos órgãos financiadores direta e autonomamente a institutos e departamentos, orçamentos, finalidades e resultados dos trabalhos não são públicos, no duplo sentido do termo, isto é, não têm origem pública e não são publicizados. Além disso, os financiadores fazem uso privado da instituição pública, tendo em vista que ela forma os pesquisadores, cede seus espaços e infraestrutura, mas os resultados são apropriados privadamente pela fonte de financiamento. Esse tipo de escola é visto – dentro e fora da USP – como modelo de modernidade porque desincumbe o poder público da responsabilidade com os custos da pesquisa e recebe o nome de *cooperação entre a universidade e a sociedade civil*. Nela, consagra-se a ideia de que a universidade é essencialmente prestadora de serviços, sendo por isso *produtiva*. É o tipo acabado da universidade *moderna* do Terceiro Mundo, visto que os grandes e verdadeiros financiamentos privados para pesquisas fundamentais e de ponta são destinados a universidades e institutos do Primeiro Mundo.

A terceira escola é a universidade pública propriamente dita. Nela, os docentes dedicam-se ao ensino e à pesquisa em tempo integral, dependem inteiramente dos recursos públicos (nos dois sentidos do termo: os orçamentos e os resultados são públicos e publicizados) e destinam a totalidade de seus trabalhos à sociedade, seja formando profissionais de várias áreas, seja formando novos professores, seja publicando suas pesquisas e as de seus estudantes, seja realizando atividades de extensão universitária para profissionais de várias áreas e para atualização de professores de primeiro e segundo graus, seja realizando pesquisas ou participando na formulação e supervisão de projetos e programas sociais para os governos. Essa terceira escola é aquela que mantém um vínculo interno entre docência e pesquisa, portanto, entre formação e criação, conhecimento e pensamento, realizando as pesquisas fundamentais, ou seja, as de longo prazo, independentes, que acarretam aumento de saber, mudanças no pensamento, descobertas de novos objetos de conhecimento e novos campos de investigação, reflexões críticas sobre a ciência, as humanidades e as artes, e compreensão-interpretação das realidades históricas. Essa terceira escola foi a que nasceu com o nome de Faculdade de Filosofia, Ciências e Letras e, no documento de Simão Mathias, punha-se como coração da Universidade de São Paulo.

Quando confrontamos, de um lado, essa situação institucional e o documento de Simão Mathias e, de outro, os debates do fim dos anos 70, é fantástico perceber que, atualmente, a USP concretiza tudo quanto foi combatido durante quase três decênios! Nos idos de 1967, a discussão se fazia entre a escola de prestígio e a de docência-pesquisa, ou na linguagem do professor Mathias, entre as escolas profissionalizantes e a universidade propriamente dita. Por seu turno, nas discussões do final dos anos 70, já estava na pauta o problema das fundações operando como complementação salarial e com autonomia perante a universidade. No vocabulário de 1970, o fenômeno era designado, por seus defensores, como desburocratização e agilização da universidade, e por seus opositores, como uso da universidade pública pela classe dominante.

Também é interessante observar, comparando documentos, que, nos anos 60, buscava-se a *universidade*. No centro dessa busca, encontravam-se a autonomia docente – criação de departamentos sem o antigo poder da cátedra – e a integração dos campos de pesquisa – formação de institutos a partir do agrupamento interdisciplinar de pesquisas afins. Dessa busca, seguiu-se a separação da Faculdade de Filosofia, Ciências e Letras em uma Faculdade de Filosofia, Letras e Ciências Humanas, e nos institutos científicos. Em contrapartida, quando tomamos as discussões dos anos 80, prevalece a ideia de que a separação de faculdades e institutos em outros, menores, ou a divisão *qua* divisão é racionalizadora, desburocratizando e *agilizando* o trabalho universitário. Levada às últimas consequências, essa ideia desemboca exatamente naquilo que se combatia nos anos 60: a dispersão e fragmentação dos trabalhos de docência e pesquisa, uma vez que sua diferença tanto quanto sua integração não eram (e não são) levadas em conta.

Também chama a atenção, quando comparamos os debates de 60 e 70 com os dos anos 80, a mudança do lugar e papel da docência: altamente valorizada anteriormente, vista como base indispensável para a pesquisa, nos debates recentes a tendência é lançá-la para um lugar menor e dar-lhe o papel reduzido de reprodutora, dissociável, de fato e de direito, da pesquisa, considerando-se esta última mais importante e prioritária. Desaparece, assim, a ideia de formação acadêmica e de preparação de novos docentes, aptos para a pesquisa tanto quanto para o ensino.

Finalmente, o tema acalorado dos anos 60 e 70 sobre a universidade participativa, tanto porque professores e estudantes participariam das decisões quanto porque a universidade marcaria seu lugar e papel na sociedade, combatendo a destruição operada no ensino público de primeiro e segundo graus, lutando contra a massificação do ensino como substituto da democratização educacional, resistindo ao autoritarismo estatal, defendendo a socialização dos conhecimentos e orientando suas pesquisas para finalidades diretamente sociais, foi substituído, nos anos 80, pelas ideias de eficácia, produtividade e vínculo preferencial com as fontes privadas de financiamento das pesquisas, pela tendência a criar funis seletivos que excluem boa parte dos estudantes do campo das pesquisas, e pela imagem da sociedade vista por um único prisma: o das relações de mercado e, portanto, sob o signo da ideia de *interesse*.

Reunindo os fios esparsos da memória, um curioso tecido surge diante de nós. Os anos 60 sonharam com a revolução social que teria na universidade pública (a universidade crítica, como a chamávamos) uma de suas principais frentes de luta. Os anos 70, silenciando a universidade crítica, deixaram realizar o sonho de ascensão social da classe média da ditadura, destruindo a qualidade do ensino público em todos os graus, na alegria da massificação. Os anos 80 acreditaram numa universidade autônoma e democrática, capaz de equilibrar as exigências do rigor acadêmico e as demandas de uma sociedade marcada pela carência, pela miséria e pela violência. Os anos 90 tornaram-se prosaicamente *realistas*: do lado das associações docentes, estudantis e de funcionários, o discurso está centrado na ideia de *interesse das categorias*, enquanto do lado das direções universitárias prevalece o discurso de *eficiência, produtividade* e *competitividade*, associado à imagem de ligação umbilical entre os *interesses da sociedade civil e da pesquisa*, isto é, os interesses do mercado. Da utopia revolucionária à adesão à ideologia neoliberal, a Universidade de São Paulo entra na sua terceira fundação.

Terceira fundação

Seria longo e cansativo continuar na perspectiva comparativa. Superficialmente, ela nos indica o óbvio: o tempo passou, a sociedade e a USP mudaram, novos problemas se colocam e novas respostas são necessárias. Todavia, o que se nos afigura é que essa aparência de superfície é exatamente isto, aparência e superfície. Por um lado, porque os problemas continuaram os mesmos, sob a mudança de vocabulário, mas, por outro, porque a diferença temporal fez seu trabalho secreto e profundo e as soluções propostas indicam, sob nova terminologia, a consolidação de três vigas mestras: as ideias de privatização (por meio de convênios com empresas e fundações privadas e pagamento de anuidades pelos estudantes mais ricos), de *enxugamento* da máquina administrativa (por meio da terceirização dos serviços) e de distinção entre escola profissionalizante e centro de pesquisa (isto é, graduação e pós-graduação). A novidade surpreendente está no fato de que parte dos defensores dessas ideias foi, ontem, defensora da escola pública democrática.

Basicamente, os que fazem a engenharia de implantação daquelas três vigas mestras alegam como motivos principais a compreensão das transformações do modo de produção capitalista e a nova forma de inserção socioeconômica da universidade. Partindo da ideia de que houve a proletarização dos universitários (e dos intelectuais, em geral), acarretando a ilusão corporativa que bloqueia o avanço moderno da universidade, os novos engenheiros da mudança universitária alegam:

1. à medida que o modo de produção capitalista transformou a ciência e a tecnologia em forças produtivas, não só tornou obsoletos os antigos humanistas e pesquisadores puros, como ainda exige adequação da universidade à nova realidade histórica, se esta não quiser perder-se em vagas abstrações;

2. à medida que os agentes da ciência e da tecnologia formam a classe média e que é esta quem procura a universidade, será preciso atender às demandas daquela classe, sem o que a universidade se torna inútil, essa demanda sendo dupla, isto é, demanda de diploma profissionalizante para entrada competente no mercado de trabalho e demanda de qualificação como pesquisador para atrair fundos privados para a universidade;

3. à medida que a sociedade contemporânea é uma sociedade de massa, combater abstratamente a massificação do ensino universitário é inócuo e, no fundo, antidemocrático, de sorte que a universidade deve combinar duas tarefas: a massificadora, pela da escolarização dos cursos de graduação; e a seletiva, formadora de quadros propriamente científicos, por meio da pós-graduação.

Essas ideias têm doce encanto persuasivo, mesmo quando seus defensores não são doces nem encantadores, pois correspondem à maneira como a sociedade está dada na experiência imediata. A persuasão aumenta quando o discurso vem seguido de números, curvas, médias, indicadores e variáveis. E torna-se hegemônica porque os opositores, colocando-se no mesmo plano em que os persuasores, mantêm o mesmo discurso que seus adversários, ou seja, o discurso dos interesses (no caso, *das categorias*), enfraquecendo suas posições por não parecerem capazes de fazer valer o restante de suas propostas: defesa da escola pública nos três graus de ensino, recuperação e reformulação do ensino de primeiro e segundo graus, exigência de reconhecimento do valor da docência, exigência de infraestrutura adequada às pesquisas, exigência de financiamentos públicos constantes e regulares para as pesquisas fundamentais e trabalhos de extensão universitárias; em suma, responsabilidade do poder público com a docência e a pesquisa.

As transformações da USP, iniciadas ao longo dos anos 70 e, hoje, consubstanciadas na absorção irrefletida do modelo neoliberal, tiveram como data de nascimento a instalação de fundações privadas no interior da universidade. No batismo, receberam o nome de *modernização pela ampliação de recursos externos*. No dia do crisma, foram confirmadas como *avaliação do desempenho e produtividade universitários.*

É inegável que toda instituição pública deve prestar contas de suas atividades à sociedade. Sob esse aspecto, a avaliação das atividades universitárias é necessária e indispensável, além de auxiliar na orientação da política universitária, graças a um saber da universidade sobre si mesma, sobre seu modo de inserção na sociedade e o significado de seu trabalho, e para reorientação de programas de projetos. Dadas as dimensões da USP, avaliá-la é também necessário para orientar a análise técnica dos problemas operacionais e financeiros, oferecer fundamentos para propostas orçamentárias, suprir carências, atender demandas, quebrar bolsões de privilégios e de inoperância. Ao realizá-la, a universidade cumpre o dever da prestação de contas aos cidadãos.

Ora, se, para muitos, o crisma foi sentido como extrema-unção, é porque a avaliação que vem sendo realizada na USP não cumpre nenhuma dessas finalidades. Um dos aspectos mais surpreendentes dos embaraços e desencontros do denominado processo avaliativo encontra-se num fato paradoxal. Com efeito, a universidade, como centro de investigação, é (ou deveria ser) o lugar em que, por princípio e por definição, tudo quanto existe deveria transformar-se em objeto de conhecimento e, no caso da avaliação universitária, o sujeito e o objeto do saber seriam o mesmo, de sorte que a avaliação deveria ser, rigorosamente, *reflexão*, dela devendo surgir os critérios avaliativos. Ora, a universidade tem-se mostrado incapaz de colocar-se como objeto de saber, criando métodos próprios que permitam elaborar técnicas específicas de autoavaliação. Resultado: vem aplicando, de modo acrítico e desastrado, os critérios usados pelas empresas, imitando – e muito mal – procedimentos ligados à lógica do mercado (compreensivelmente, a lógica necessária para as empresas), portanto, uma aberração científica e intelectual, quando aplicados à docência e à pesquisa. Além disso, elegeu como paradigma de avaliação de uma *instituição pública as universidades privadas norte-americanas* que, por força de seu modo de inserção social, são regidas claramente pela lógica do mercado, especialmente pela competição mortal dos docentes por postos e títulos, e a dos estudantes, por vagas em pós-graduação para o PhD.

Consequentemente, a USP vem empregando critérios que visam à homogeneidade (necessária à lógica empresarial), despojando a universidade de sua riqueza e especificidade, isto é, a diversidade e pluralidade de suas atividades, determinadas pela natureza própria dos objetos de pesquisa e de ensino, regidos por lógicas específicas, temporalidades e finalidades diferentes. A avaliação amortece a peculiaridade de uma instituição cuja vida é a diversidade. Bastaria lembrar que, nas humanidades, um livro possui maior relevância do que artigos (estes, em geral, são esboços ou partes de um todo que somente o livro revela), enquanto nas ciências dá-se exatamente o contrário, de sorte que usar um deles como critério geral de avaliação é impossibilitar que se avalie adequadamente uma das áreas do conhecimento. Pior do que isso. No caso das humanidades, o critério *publicação de artigos* estimula a proliferação do mesmo artigo em versões variadas, sem nenhuma contribuição efetiva. Além disso, nas condições precárias do mercado editorial brasileiro, o critério da publicação, no caso de livros e revistas, deve ser usado com extremo cuidado, uma vez que a demora para publicar ou intervalos longos entre publicações não indicam necessariamente ausência de pesquisa, mas podem estar assinalando dificuldades editoriais. Também vale recordar que o critério empregado pelas ciências exatas e naturais, qual seja, a publicação de trabalhos em revistas e periódicos internacionais, pode não fazer muito sentido em várias áreas das humanidades, nas quais o tema pesquisado pode estar referido à particularidade brasileira. Sem dúvida, em certas ocasiões, congressos e publicações buscam apreender e revelar uma mesma questão sob diferentes perspectivas locais e, nesse caso, a pesquisa particular insere-se numa totalidade internacional ou transnacional, mas não é essa a situação mais frequente. Esses breves exemplos e muitos outros indicam os equívocos da modernização racionalizadora em curso entre nós.

Por conseguinte, nada é conseguido como autoconhecimento da instituição, obtendo-se apenas um catálogo de atividades e publicações (acompanhadas de inexplicados conceitos classificatórios) que, absurdamente, passa a orientar a alocação de recursos, vagas, postos e concursos.

Além disso, a prestação de contas à sociedade não se cumpre porque tanto orçamentos quanto execuções orçamentárias são apresentados com os números agregados, sem explicitação de critérios, prioridades, objetivos e finalidades e sem explicitar publicamente os convênios privados (montante dos recursos, destinação, prazos das pesquisas, usos dos resultados etc).

Em geral, os critérios empregados para avaliar a excelência acadêmica costumam ser identificados aos indicadores usados para medi-la, acarretando, como já observamos, um número razoável de problemas, pois seria necessário que a noção de *qualidade acadêmica* fosse explicitada e dela surgissem os critérios e indicadores para a avaliação. Além disso, por *qualidade acadêmica*, costuma-se entender o número de teses e de publicações, estágios no estrangeiro e participação em congressos numa visão simplista da pesquisa, deixando na sombra a docência, seus problemas e sua qualidade própria, uma vez que o ensino, como observamos, é, agora, considerado tarefa menor e simplesmente reprodutora, sem nenhuma papel formador.

A respeito da qualidade acadêmica

Valeria a pena que a USP, na comemoração de seus 60 anos, propusesse questões e assinalasse caminhos que explicitassem as ideias de qualidade da docência e da pesquisa. Que indagações poderiam balizar a definição da qualidade da docência? Para iniciar o debate, sugerimos, entre muitas outras, as seguintes:

1. Os professores variam os conteúdos de seus cursos, preparam suas aulas, pesquisam para novos cursos, introduzem novas questões para os alunos, exigem pesquisas dos estudantes, transmitem os clássicos de sua área, as principais questões e impasses, as inovações mais significativas? Ou prevalecem rotina, repetição, pouca exigência para avaliação dos alunos, pouco conhecimento dos clássicos da área e dos principais problemas e inovações da área?

2. Os cursos são capazes de mesclar e equilibrar informação e formação? Os estudantes são iniciados, por meio do estilo de aula e do método de trabalho do professor, ao estilo acadêmico, ou não? Qual a bibliografia usada? Como o estudante é introduzido ao trabalho de campo e ao laboratório? Como o professor e os alunos enfrentam a precariedade do segundo grau quanto a informações e desconhecimentos de línguas estrangeiras? Que tipos de trabalhos são exigidos dos alunos? Que condições de trabalho são dadas a docentes e estudantes pela universidade?
3. O que poderíamos considerar elementos indispensáveis da excelência do trabalho docente? Pensamos que, entre outros aspectos, a docência excelente seria aquela que:

I. inicia os estudante aos clássicos, aos problemas e às inovações da área;
II. varia e atualiza cursos, bibliografia, aproveitando os trabalhos de pesquisa que o professor está realizando (para uma tese, um livro ou um artigo);
III. inicia ao estilo e às técnicas de trabalho próprios da área;
IV. informa e forma novos professores ou profissionais não acadêmicos da área;
V. força os estudantes ao aprendizado de outras línguas e consegue que os departamentos de línguas lhes ofereçam cursos;
VI. luta por condições de infraestrutura para os estudantes: biblioteca, laboratórios, computadores, instrumentos de precisão, veículos para trabalho de campo etc.;
VII. exige trabalhos escritos e orais contínuos dos estudantes, oferecendo-lhes uma correção explicativa de cada trabalho realizado, de tal modo que cada novo trabalho possa ser melhor do que o anterior, graças às correções, observações e sugestões do professor;

VIII. o professor incentiva os diferentes talentos, sugerindo trabalhos que, posteriormente, auxiliarão o estudante a optar por uma área de trabalho acadêmico, ou uma área de pesquisa ou um aspecto da profissão escolhida e que será exercida logo após a graduação – em suma, a docência forma novos docentes, incentiva novos pesquisadores e prepara profissionalmente para atividades não acadêmicas.

No caso da pesquisa, também poderíamos discutir o estabelecimento de alguns parâmetros, com base em um conjunto de indagações sobre a qualidade desse trabalho. Assim, por exemplo, podemos indagar:

1. Os temas escolhidos são relevantes na área, seja porque enfrentam impasses e dificuldades teóricas e práticas nela existentes seja porque inovam em métodos e resultados, abrindo caminho para novas pesquisas?
2. O pesquisador conhece as várias alternativas metodológicas e as implicações científicas, políticas e ideológicas de cada uma delas, de modo que, ao escolher a metodologia, o faz com conhecimento de causa?
3. O pesquisador conhece o estado da arte no tema que está pesquisando: as discussões clássicas e as discussões mais recentes sobre o assunto? O pesquisador dispõe de tempo para várias horas seguidas de trabalho? Recebe auxílio financeiro para isso?
4. O orientador estimula caminhos novos para seus orientandos e é cientificamente receptivo a conclusões, mesmo quando estas contrariam resultados e ideias a que ele próprio havia chegado em suas pesquisas? O orientador estimula estágios no estrangeiro, escolhendo os locais onde, de fato, o tema trabalhado pelos orientandos tem sido objeto de pesquisas importantes? O orientador luta para que haja condições de infraestrutura para o trabalho dos orientandos e o seu próprio? O orientador tem clareza da necessidade de diferenciar prazos para seus orientandos, em razão

do tema por eles escolhido, das diferentes condições de vida e trabalho dos orientandos, das dificuldades ou facilidades de expressão de cada um dos orientandos, da infraestrutura e da bibliografia disponíveis para os diferentes trabalhos dos orientandos?

5. O orientador estimula a formação de pequenos grupos de discussão e de seminários de seus orientandos? Respeita a pesquisa solitária, conforme o tipo de tema ou de orientando? O orientador não se apropria da pesquisa dos orientandos e a publica em seu próprio nome? Não explora os orientandos como força de trabalho?

6. A universidade reconhece a importância da pesquisa e cria condições para que se realize, se renove e se amplie (bibliotecas, laboratórios, instrumentos e equipamentos, intercâmbios nacionais e internacionais, verbas para publicação de revistas; para editora universitárias, para coedições com editoras comerciais, bolsas)?

7. O pesquisador pode contar com o reconhecimento público de seu trabalho, tanto pela publicação quanto pela utilização acadêmica, profissional ou social que dele é ou será feito? O pesquisador pode ter expectativa de reproduzir seu aprendizado e formar novos pesquisadores porque outras universidades do país poderão contratá-lo, ou sua própria universidade tem uma previsão de ampliação dos quadros? O pesquisador tem clareza da diferença entre pesquisa e consultoria, pesquisa e assessoria?

Indagações como essas podem auxiliar-nos a formular um conceito geral da excelência na pesquisa e encontrar critérios qualitativos para avaliá-la. Aqui, sugerimos alguns:

1. *a inovação*: seja pelo tema, seja pela metodologia, seja pela descoberta de dificuldades novas, seja por levar a uma reformulação do saber anterior sobre a questão;

2. *a durabilidade*: a pesquisa não é servil a modismos e seu sentido não termina quando a moda acadêmica acabar porque não nasceu de uma moda;

3. *a obra*: a pesquisa não é um fragmento isolado de ideias que não terão sequência, mas cria passos para trabalhos seguintes, do próprio pesquisador ou de outros, sejam seus orientandos, sejam os participantes de mesmo grupo ou setor de pesquisa; há obra quando há continuidade de preocupações e investigações, quando há retomada do trabalho de alguém por um outro, e quando se forma uma tradição de pensamento na área;

4. *dar a pensar*: a pesquisa faz que novas questões conexas, paralelas ou do mesmo campo possam ser pensadas, mesmo que não tenham sido trabalhadas pelo próprio pesquisador; ou que questões já existentes, conexas, paralelas ou do mesmo campo possam ser percebidas de maneira diferente, suscitando um novo trabalho de pensamento por parte de outros pesquisadores;

5. *impacto ou efeito social, político ou econômico*: a pesquisa alcança receptores extra-acadêmicos para os quais o trabalho passa a ser referência de ação, seja porque leva à ideia de pesquisa aplicada, a ser feita por outros agentes, seja porque seus resultados são percebidos como direta ou indiretamente aplicáveis em diferentes tipos de ação;

6. *autonomia*: a pesquisa suscita efeitos para além do que pensara ou previra o pesquisador, mas o essencial é que tenha nascido, de exigências próprias e internas ao pesquisador e ao seu campo de atividades, da necessidade intelectual e científica de pensar sobre um determinado problema, e não por determinação externa ao pesquisador (ainda que tenham sido outros sujeitos acadêmicos, sociais, políticos ou econômicos que possam ter despertado no pesquisador a necessidade e o interesse da pesquisa, esta só consegue tornar-se excelente, se nascida de uma exigência interna ao pensamento e à ação do próprio pesquisador);

7. *articulação de duas lógicas diferentes, a lógica acadêmica e a lógica histórica* (social, econômica, política): a pesquisa inovadora, duradoura, autônoma, que produz uma obra e uma tradição de pensamento e que suscita efeitos na ação de outros sujeitos é aquela que busca responder às questões colocadas pela experiência histórica e para as quais a experiência, como experiência, não possui respostas; em outras palavras, a qualidade de uma pesquisa se mede pela capacidade de enfrentar os problemas científicos, humanísticos e filosóficos postos pelas dificuldades da experiência de seu próprio tempo; quanto mais uma pesquisa é reflexão, investigação e resposta ao seu tempo, menos perecível e mais significativa ela é;

8. *articulação entre o universal e o particular:* a pesquisa excelente é aquela que, tratando de algo particular, o faz de tal maneira que seu alcance, seu sentido e seus efeitos tendam a ser universalizáveis – quanto menos genérica e quanto mais particular, maior possibilidade de possuir aspectos ou dimensões universais (por isso, e não para *contagem de pontos*, é que poderá vir a ser publicada e conhecida internacionalmente, quando o tempo dessa publicação surgir). Donde a preocupação que os orientadores deveriam ter com o momento em que os estudantes escolhem um tema de iniciação à pesquisa, que antecipa o futuro mestrado e o futuro doutorado, de modo que o primeiro tema fosse um exercício preparatório para as escolhas seguintes, garantindo, ao final do percurso, um novo pesquisador em condições de realizar novos trabalhos nos quais a articulação entre o particular e o universal se torne perceptível para ele por haver aprendido, na iniciação e no mestrado, a trabalhar sobre o particular com rigor e originalidade.

Irracionalismo pós-moderno e cidadania

A ideologia pós-moderna declara o fim da modernidade ou da razão moderna, posta, agora, como mito iluminista, etnocêntrico, repressivo e totalitário. Ao fazê-lo, instaura a célebre crise *dos paradigmas científicos*. Fala-se numa *crise da razão*, resumível em alguns aspectos principais:

1. negação da existência de uma esfera da objetividade, substituída pela subjetividade narcísica desejante;

2. negação de que a razão possa conhecer uma continuidade temporal e captar o sentido imanente do tempo e da história, substituída por temporalidades descontínuas, locais e fragmentadas;

3. negação de que a razão possa captar núcleos de universalidade no real, posto, agora, como dispersão de diferenças e alteridades, reino das particularidades sem conexão;

4. negação da diferença entre Natureza e Cultura, tanto porque os movimentos ecológicos *místicos* tendem a antropomorfizar a Natureza, quanto porque a biogenética, a bioquímica e a engenharia genética determinam o cultural como mero efeito dos códigos genéticos naturais;

5. negação de que o poder se realiza a distância do social, por meio de instituições que lhe são próprias, fundadas tanto na lógica da luta de classes e da dominação, quanto nas ações emancipatórias. Em seu lugar, surgem as ideias de micropoderes capilares, que disciplinam a sociedade e políticas que se realizam sem as mediações institucionais, resultando, no primeiro caso, em ações fragmentadas que terminam em meras demandas, e, no segundo, em reforço dos populismos e dos fascismos.

Diante desse quadro, torna-se incompreensível que a USP, autocolocada como a primeira e mais excelente universidade do país, não realize atividades docentes, de pesquisa e de discussões interdisciplinares voltadas para essas questões que afetam todos os campos do conhecimento. A docência se submete ao consumismo estudantil, à pesquisa, aos imperativos competitivos do mercado, às discussões, às lutas dos interesses conflitantes cuja ordem e sentido não são objeto de análise, mas de aceitação passiva.

Inúmeras consequências desse alheamento poderiam ser apontadas. Pretendemos, porém, assinalar apenas uma delas, clara e imediatamente política: a proposta da universidade paga pelos mais ricos, aparentemente igualitária e justa, esconde o fato de que o direito à educação se transforma em privilégio dos ricos e benemerência para os carentes (resolve-se o efeito, abandonando-se a gênese do problema). A proposta da universidade prioritariamente financiada pelas empresas liga a pesquisa científico-tecnológica aos interesses específicos de grupos e do mercado, deixando de lado o papel da pesquisa pública, voltada para os direitos de toda a sociedade. A ideia da avaliação segundo critérios de produtividade, eficácia e competitividade transforma a natureza conflitiva e antagônica da democracia, estimuladora de novos direitos, em luta mortal dos interesses, fazendo que a cisão universitária surja como cisão dos interesses e, sobretudo, fazendo que os opositores à universidade neoliberal caiam na armadilha do neoliberalismo, uma vez que se sentem forçados, pelas condições econômicas, a centrar suas lutas nas questões salariais e nos *interesses da categoria*. Em outras palavras, dois corporativismos encontram-se em choque na USP: o das entidades ou corporações empresariais e financeiros e o das associações ou corporações de professores e funcionários. Os critérios de *tempo da produção acadêmica*, empregados para a avaliação universitária, incorporam, sem perceber, a velocidade e a fugacidade do mercado de consumo e da moda. O menosprezo pela docência indica menosprezo pela melhoria da qualidade em todos os graus do ensino, impedindo que a escola pública seja garantidora de um dos direitos fundamentais da cidadania, e, pior, tenta-se corrigir a injustiça atual do acesso à USP por meio da escola pública paga e benemerente.

6
O mal-estar na universidade: o caso das humanidades e das ciências sociais[1]

Em março de 1994, a Comissão de Pesquisa da Faculdade de Filosofia, Letras e Ciências Humanas da USP realizou um simpósio internacional sobre a situação do ensino e da pesquisa em humanidades e ciências sociais no Brasil e na América Latina. Exposições, debates, diagnósticos e prognósticos fizeram vir à tona o mal-estar que perpassa e corrói as universidades do continente.

Embora múltiplas e diversificadas, as perspectivas adotadas pelos participantes podem ser agrupadas em três conjuntos principais de preocupações:

---

[1] Comunicação apresentada no Simpósio Internacional Humanidades, Pesquisa, Universidade, realizado na Faculdade de Filosofia, Letras e Ciências Humanas da USP, em 1994. Uma primeira versão foi publicada em Jancsó I. (Org.) *Humanidades, pesquisa, universidades*. São Paulo: FFLCH/USP, 1996.

O mal-estar na universidade: o caso das humanidades...

1. lugar, papel e sentido da universidade, em geral, e das humanidades e ciências sociais, em particular, na sociedade contemporânea, sob o impacto das novas tecnologias e da ideologia neoliberal, que acompanha a forma atual do modo de produção capitalista;

2. o estado da arte: crises e impasses científicos do ponto de vista da definição dos campos de investigação, de métodos e técnicas de pesquisa, de relações com outras ciências, particularmente a biologia, formas de interdisciplinaridade, aparição e desaparição de objetos de investigação e de conceitos que orientam pesquisas, desaparição e aparição de valores e finalidades atribuídos às investigações;

3. problemas na formação de pesquisadores: crítica aos modelos vigentes de formação individualizada e aleatória, mas também crítica da imposição abstrata de grupos e centros interdisciplinares; crítica do modelo vigente de relação pouco definida entre ensino e pesquisa, mas também crítica aos modelos de trabalho que separam precocemente ensino e pesquisa, uma vez que, nos dois casos, a especificidade da docência e da investigação nunca é claramente definida; crítica do excesso de erudição e generalidade das pesquisas, que não se dedicam a questões menores cujo impacto sobre as teorias pode ser decisivo para mudanças científicas, mas também crítica do excesso de especialização e de fragmentação das pesquisas voltadas para temas menores, sem suporte conceitual e metodológico e cuja relevância é pequena, quando não nula; crítica à suposição de que o aprendizado da pesquisa se faz pesquisando, mas também críticas às tentativas de encerrar a formação dos pesquisadores em receitas e rotinas que bloqueiam a originalidade e a criatividade.

Entre os temas de preocupações, os mais constantes foram:

1. diferença entre o caráter público e o privado da pesquisa;
2. privatização, entendida não apenas como origem privada dos financiamentos para pesquisas, mas sobretudo como determinação privada de critérios, objetivos, procedimentos, resultados, prazos e utilização das pesquisas;
3. formas de relação das humanidades e ciências sociais com as novas tecnologias, entendidas estas últimas não como ciência aplicada, mas como determinantes da definição e delimitação dos próprios objetos de pesquisa;
4. peso das estruturas administrativas e burocráticas sobre a docência e a pesquisa, submetendo-se a uma lógica que lhes é contrária e que as impede de realizarem-se plenamente;
5. ausência de um projeto acadêmico e de uma política universitária para as pesquisas que, sob os efeitos da desaparição contemporânea da ideia de cultura, reduzem as questões teóricas a problemas empíricos de gestão de pessoal e recursos;
6. crítica da identificação corrente entre democratização da universidade e banalização dos conhecimentos, conduzindo à ideia de desvincular universidade (ensino) e centros/institutos de pesquisa, tomando como critério da "excelência" destes últimos sua capacidade para competir no mercado intelectual, que decidirá quais os melhores e quais os piores; em suma, o que Francisco de Oliveira designou com o nome de "universidade de resultados";
7. percepção, no campo das pesquisas, do esgotamento histórico não só de algumas disciplinas e áreas, mas de suas próprias teorias, pressupostos e finalidades, de sorte que, em lugar das humanidades e das ciências sociais como produtoras e reprodutoras de ideologias, tem-se a desaparição da própria necessidade social e política do campo inteiro das humanas. A inessencia-

lidade das humanas explicitar-se-ia no modo ingênuo como procuram enfrentar a fragmentação do ensino e da pesquisa, fragmentação imposta pelo capitalismo contemporâneo. A ingenuidade encontrar-se-ia na suposição de que procedimentos de interdisciplinaridade poderiam corrigir e vencer a dispersão dos conhecimentos.

Como se observa, a não ser em casos excepcionais de otimismo, o resultado deixado pelas exposições é sombrio e pessimista, sobretudo porque as propostas dos otimistas parecem repousar sobre a não percepção da perda de sentido das humanidades e das ciências sociais, neste fim de século.

Acompanhando as exposições e os debates, veio-me à lembrança uma cena do filme de Spielberg, *A lista de Schindler*.

Para evitar o isolamento e o encarceramento total no gueto, primeiro, e a morte no campo de concentração, depois, um judeu poderia salvar-se se considerado um trabalhador essencial para o esforço de guerra nazista. A sorte de cada um era decidida pela inclusão ou exclusão na lista de Schindler, isto é, na lista dos operários para a indústria de panelas, destinadas ao exército. Chegando à mesa de inscrição, uma das personagens apresenta-se, dizendo altaneira: "Sou um trabalhador essencial". Indagação do soldado nazista: "Qual sua profissão?". Resposta: "Professor de história e literatura". Risos do soldado, que indica ao professor o caminho dos excluídos rumo ao encarceramento dos inessenciais. Perplexo, o professor reage: "Mas, o que pode ser mais essencial do que a história e a literatura?".

Essa cena parece-me antológica por vários motivos. Em primeiro lugar, evidentemente, por sua dimensão patética: o professor de história e literatura não percebeu o que se passa à sua volta. Em segundo, por seu caráter simbólico: o professor não compreende que um mundo no qual história e literatura são essenciais é um mundo terminado com o avento da barbárie nazista. Em terceiro, por sua natureza quase oracular: terminavam ali o ideal e a ilusão de uma razão não instrumental.

Exposições e debates deram-me a impressão de que a maioria de nós ainda não se convenceu de que a expressão "socialismo ou barbárie" não é um *slogan*, mas uma síntese dotada de sentido e que, até o momento, a barbárie tem sido vencedora. Fizeram-me pensar, também, que não nos demos conta de que nossa inessencialidade, ainda que com outros nomes, foi decretada desde 1964.

Grosseiramente, eu diria que nossa inessencialidade foi produzida em três etapas, a cada vez com argumentos diferentes.

Na primeira etapa – que situaria entre 1964 e 1974 –, nossa inessencialidade apareceu sob a imagem do perigo subversivo. Éramos inessenciais para um projeto político do qual surgíamos como adversários: o projeto de "integrar a nação" à modernidade capitalista. Assim, embora saibamos que a maioria das exclusões e cassações universitarias daquele período tenha tido como causa próxima as lutas internas pelo poder na universidade, sabemos também que os vencedores precisavam de nossa exclusão ou de nosso medo e silêncio para implantar o projeto universitário programado que incluía, como um de seus momentos principais, a destruição da escola pública de primeiro e segundo graus.

Na segunda etapa – entre 1974 e 1985 –, fomos declarados inessenciais porque já estava implantado o projeto universitário da ditadura ou do "milagre brasileiro", isto é, o desmantelamento do ensino público de primeiro e segundo graus, com a ampliação da rede de escolas privadas, e a reformulação curricular (surgimento da licenciatura curta em ciência sociais e em letras, para atender à unificação das disciplinas de história, geografia e ciências sociais na de "estudos sociais", e das disciplinas de língua e literatura na de "comunicação e expressão"; exclusão da filosofia no segundo grau, criação de cursos profissionalizantes, introdução do ensino por testes de escolha múltipla etc.), que, fazendo encolher o campo de atuação dos formados pelas universidades públicas, nas áreas de Humanas, escolarizou a graduação universitária, localizou o verdadeiro vestibular na pós-graduação, fez diminuir o direito de acesso à universidade pública para as camadas mais pobres da sociedade e, Brasil afora, "coronéis" regionais exigiram a criação das universidades federais como signos de prestígio e poder e cabides de emprego para a parentela e clientela. Sabemos também que o projeto ditatorial, reduzindo verbas e recursos das universidades públicas, mantendo quase fixo o quadro de docentes e ampliando o número de vagas para estudantes, forçou três perversidades: a queda do trabalho universitário de docência na mera escolarização, como preço da massificação; a instrumentalização da universidade para manter o apoio da classe média ao regime político, satisfazendo-a em seu desejo de ascensão social, sem oferecer à universidade condições adequadas de funcionamento; e a ampliação do corpo discente oriundo das escolas privadas, de melhor desempenho do que as públicas. Finalmente, na medida em que os planos econômicos orientavam as demandas do mercado para as faculdades ditas profissionalizantes, as escolas de segundo grau, os cursinhos e os vestibulares passaram a descuidar da formação e da informação humanísticas, reservando-nos os estudantes de segunda, terceira e quarta opções que vieram até nós não por escolha real, mas por necessidade ou desejo de obter um diploma universitário.

Simultaneamente a esse processo, dois outros ocorreram, um deles interno e o outro externo à universidade. Internamente, surgiram fundações e institutos com financiamento público e privado, autônomos, sem vínculo orgânico com a universidade, voltados para serviços, assessorias, consultorias e encomendas das empresas públicas e privadas, provocando, em primeiro lugar, o desequilíbrio e a desigualdade salarial no corpo docente e facilitando, por seu prestígio, o arrocho salarial dos que não possuíam *know-how* capaz de interessar às empresas; e, em segundo lugar, criando a mitologia de que o volume impressionante de recursos materiais (financeiros e de infraestrutura) que possuíam decorria da competência intelectual de seus supostos pesquisadores e da essencialidade de seus serviços.

Externamente, surgiram institutos, fundações e centros de pesquisa, cujos membros haviam sido excluídos da universidade e que, graças sobretudo ao financiamento internacional, conseguiram, pouco a pouco, integrar a seus quadros muitos dos que haviam permanecido na universidade. Assim, pesquisas aqui iniciadas, mas interrompidas por força da ditadura, foram ali retomadas; pesquisas aqui propostas, mas desprovidas de recursos para serem realizadas, foram ali efetuadas, publicadas, discutidas e divulgadas. Como observou Francisco de Oliveira, enquanto, na universidade, as direções institucionais pertenciam aos quadros da administração ditatorial e não representavam a produção intelectual, que por isso permanecia invisível ou na sombra, nos institutos e centros privados, as direções e os pesquisadores se confundiam e se representavam mutuamente perante a opinião pública política e acadêmica, dando visibilidade e prestígio ao que se fazia fora da universidade, como se nesta nada se fizesse.

Se, no caso de fundações e institutos internos à universidade, houve a deliberação explícita de declarar-nos inessenciais, nos institutos e centros externos à universidade essa deliberação não existiu, mas produziu o mesmo resultado. Bom serviço era o que se fazia nos institutos e fundações internos; boa pesquisa era o que se fazia nos centros e institutos externos. O resto... era o resto.

O importante, nessa segunda etapa, foi o efeito da grande crise mundial do capitalismo, conhecida como "crise do petróleo", que, no caso do Brasil, determinou o fracasso do "milagre" e do projeto "Brasil Grande". Essa crise lançou a economia capitalista num beco sem saída do qual só iria sair com o advento do neoliberalismo. Entre o momento da crise e o da chegada do projeto neoliberal, o prestígio da ciência econômica foi substituído por um verdadeiro *boom* das ciências sociais, que se encontravam teoricamente preparadas para interpretar e explicar a presença de novos sujeitos sociais e políticos e a aparição de novas modalidades de sociabilidade no Brasil. É o momento em que, desprestigiadas na universidade (em decorrência do quadro antes descrito), as ciências sociais e a história ganham prestígio nos centros e institutos de pesquisa externos. Embora, aparentemente, essenciais fora da universidade, continuavam a ser proclamadas inessenciais dentro da instituição universitária porque aqui, segundo o olhar externo que sobre elas recaía, não seriam senão, juntamente com o restante das humanidades, rotineiras e incompetentes. Criativas e produtivas lá fora, aqui seriam simplesmente reprodução escolar do que se pensava e pesquisava noutro lugar.

Finalmente, a terceira etapa da nossa inessencialidade inicia-se em 1985 e chega até os dias atuais. Cruzam-se, nessa terceira etapa, duas formas diferentes de proclamação da inessencialidade das humanas.

A primeira aparece sob a forma acusatória: justamente os que foram excluídos da universidade, ou voluntariamente preferiram trabalhar nos institutos e centros externos, foram exatamente os mesmos que declararam a falência universitária das humanas, postas como improdutivas, corporativas, rotineiras, irrelevantes. Em outras palavras, fazendo tábula rasa do que a ditadura aqui produzira e da energia despendida na resistência a ela, dando prova de estranha amnésia quanto ao processo que reduziu a universidade aos padrões da burocracia e, sobretudo, esquecendo-se de que éramos nós, como docentes, que oferecíamos a tais institutos e centros os novos pesquisadores (estudantes formados por nós), bem como os leitores de suas publicações e os participantes dos seus debates, além de sermos os difusos de suas pesquisas em nossos cursos, os críticos se propuseram a "avaliar" a universidade e as humanas, segundo padrões de trabalho de seus institutos e centros privados, isto é, de instituições que não realizam o trabalho da docência nem são bloqueadas por micro e macropoderes burocráticos nem pelas mudanças políticas dos governos.

Simultaneamente à forma acusatória, a inessencialidade vai surgindo de modo mais profundo, ditada, agora, não pela acusação abstrata, mas pelas condições materiais da sociedade brasileira, isto é, sua entrada na chamada "acumulação flexível do capital" (na linguagem da esquerda) ou "desregulação econômica" (na linguagem da direita), e pela adoção da ideologia neoliberal.

Esse fenômeno foi abordado neste simpósio sob a designação de globalização, mundialização, fragmentação e dispersão dos conhecimentos. Mas, sobretudo, foi designado por meio da menção à perda de objetos de investigação, à "crise dos paradigmas" e à tentativa desesperada de substituir uns e outros por novos, sem que isso seja possível porque o que está minado é o próprio projeto moderno que deu origem às humanidades, às ciências sociais, à história, à literatura e à filosofia, e que fez nascer a universidade, tal como a conhecemos.

As diferentes expressões usadas para referir-se a essas mudanças assinalam, queiramos ou não, que estamos como o professor de história e literatura diante do soldado nazista.

No entanto, acusadores e neoliberais juntam suas vozes para propor-nos a salvação. Esta aparece numa palavrinha mágica: *modernização*.

O que é a modernização proposta? Pode ser resumida em três pontos:

1. escolarizar definitivamente a graduação, destinada a formar professores do segundo grau;

2. afunilar a pós-graduação para preparar pesquisadores cujo desempenho os habilitará a participar de núcleos, institutos e centros de excelência da USP, ou fora dela;
3. estabelecer vínculos orgânicos com empresas estatais e privadas para financiamento das grandes pesquisas a serem realizadas nos institutos, núcleos e centros de excelência.

Qual critério determina a excelência? Longe de ser acadêmico, o critério, como foi dito por um dos debatedores no primeiro debate deste simpósio, será dado pelo mercado: quem conseguir penetrar vitoriosamente no mercado será excelente, quem não o conseguir, será inessencial. Critério coerente e não absurdo, uma vez que a fonte de recursos para as pesquisas é empresarial.

"Modernizar" é criar a "universidade de serviços", baseada na docência e pesquisa "de resultados". A salvação modernizante consiste em levar a ideia e a prática da privatização do público às suas últimas consequências, pois as pesquisas não serão privatizadas apenas pelo financiamento, mas porque serão reduzidas a serviços encomendados cujos critérios, objetivos, padrões, prazos e usos não serão definidos pelos próprios pesquisadores, mas pelos "mecenas".

O que é fantástico nessa modernização é a carga de arcaísmos que carrega sem saber. Um primeiro arcaísmo está em trazer de volta, de modo inteiramente laicizado, um ideal que presidiu, de modo sacralizado, a criação da universidade medieval. De fato, a universidade medieval criou um sistema de ensino organizado e duradouro, garantindo, sem dúvida, a transmissão e transformação dos conhecimentos, graças a métodos pedagógicos definidos e a procedimentos definidos de conhecimento e de transmissão do saber. Todavia, esse sistema estava submetido a uma verdade e a um saber transcendentes, externos a ela, dos quais a Igreja era senhora absoluta. Foi contra essa heteronomia do saber e em favor da autonomia dos conhecimentos que se ergueram o humanismo, o iluminismo e o marxismo. Ora, a universidade modernizada que nos querem impor também é capaz de organizar racionalmente métodos e técnicas de ensino e pesquisa, "agilizar" a estrutura administrativa, tornar "mais leves" as instituições por seu desmembramento em unidades cada vez menores, mas sua produção estará submetida a uma transcendência profana, a um saber mais alto que lhe é exterior e ao qual ela prestará serviços, o mercado. A salvação modernizante nos oferece o fetichismo da mercadoria no lugar da alienação religiosa, mantendo o princípio desta última: a heteronomia dos conhecimentos.

Não menos arcaico é o fato de que essa pretensa modernização, sem que se saiba ou se lembre, traz de volta uma das mais antigas concepções do que, outrora, chamava-se "trabalho servil", isto é, uma atividade que tem como figura determinante o usuário que encomendou o serviço, enquanto a ação produtora propriamente dita é considerada apenas a executante de uma rotina adquirida, cuja finalidade e sentido lhe escapam. Novamente, repõe-se a heteronomia.

Igualmente arcaico é o reaparecimento do mecenato. Se este foi fundamental para liberar as humanidades e as Artes do poderio eclesiástico, foi somente com sua desaparição que se tornou possível o surgimento, este sim moderno, da dimensão pública dos conhecimentos. A única diferença entre o antigo e o novo mecenas está no fato de que o primeiro patrocinava saberes e artes em vista do prestígio, enquanto o segundo, em decorrência da transformação dos conhecimentos em forças econômicas produtivas, os financia em vista do poder.

Dessa maneira, modernizar neoliberalmente a universidade significa destruir o mais moderno dos valores conquistados pelas artes, ciências e humanidades: o trabalho autônomo ou a autonomia criadora. E significa também destruir uma das conquistas democráticas mais importantes da modernidade: a dimensão pública da pesquisa, tanto em sua realização quanto em sua distinção. Que o modo de produção capitalista sempre operou contraditoriamente com essa autonomia e essa publicidade, ninguém o ignora, pois ninguém ignora a redução de tudo quanto existe à condição de mercadoria. O que vemos agora é a resolução da contradição não pela negação da negação da autonomia e da publicidade, mas pela supressão de um dos termos da contradição.

Onde o arcaísmo da proposta salvadora? No ato de recuperar a antiga separação entre o criador-produtor-autor e o usuário, este último posto como *telos* e destinatário de um trabalho que não é apenas encomendado por ele, mas também julgado por ele, de maneira que o usuário-destinatário é posto como portador do saber sobre o trabalho executado pelo mero artífice. Em suma, o arcaísmo encontra-se na reposição da ideologia aristocrático-oligárquica que fazia do usuário-destinatário a causa e o fim da atividade produtora e que tinha como contraponto necessário a distinção entre trabalho e saber, ou a afirmação da dignidade do conhecimento como pura contemplação desinteressada. O modo de produção capitalista desfez essa distinção, como sabemos.

No entanto, sob o aparente arcaísmo conceitual, encontra-se a plena atualidade dessa visão da universidade de serviços e resultados. De fato, uma das principais determinações do capitalismo contemporâneo é a diminuição da acumulação do capital como produtor de valor, ou, em outras palavras, a diminuição da esfera da produção. Essa diminuição tem como contrapartida o crescimento da esfera dos serviços ou do setor terciário da economia. Ora, o crescimento do setor faz pensar que a universidade insere-se socialmente como prestadora de serviços de ensino e pesquisa. E, na esfera terciária, o usuário-consumidor de serviços é juiz soberano.

Uma outra determinação do capitalismo contemporâneo, decorrente da anterior, é a ausência de necessidade de incorporar novas levas de mão de obra à produção, de sorte que a incorporação dos indivíduos na sociedade não se faz pelo trabalho produtivo, mas pelo consumo, de um lado, e pelos serviços, de outro. Todavia, diversamente da antiga produção capitalista, que se realizava pelo crescimento e expansão do mercado de trabalho e inclusão crescente dos indivíduos à sociedade, a nova forma de acumulação do capital realiza-se por exclusão e expulsão crescentes dos indivíduos, grupos de classes sociais. A ilusão neoliberal e a ilusão dos atuais modernizadores da universidade consistem em supor que a esfera dos serviços e a do consumo são capazes de substituir a da produção, isto é, seriam capazes de crescimento indefinido e de incorporar toda a sociedade, esquecendo-se de que novas tecnologias e o novo modelo de acumulação não permitem tais resultados. Assim, propor uma universidade de serviços é prepará-la para o fechamento, no sentido literal do termo, sob dois aspectos. Em primeiro lugar, porque a terceirização opera por fragmentação e dispersão – o lucro aumenta graças a isso –, de tal maneira que, gradualmente, o capital não precisará de universidades, bastando-lhe centros altamente especializados, dispersos pelo planeta. Em segundo, porque a nova forma de acumulação do capital é essencialmente excluidora e antidemocrática, de tal maneira que, gradualmente, não precisará da instituição escola--universidade como espaço de direitos da cidadania.

Com isso, entraríamos na última fase de nossa total inessencialidade, pois nossos serviços deixariam de ser necessários e indispensáveis. Os arautos da salvação modernizadora são, sem o saber, nossos coveiros.

Como se vê, estamos enredados em não poucas confusões e aflições. Confusão teórica, confusão pedagógica, confusão administrativa, confusão quanto à finalidade das humanidades, confusão quanto aos caminhos para recuperar a essencialidade perdida. O fato, porém, de estarmos aflitos é positivo. Já indica que não estamos resignados nem conformados, como se esmagados por um destino inelutável. É dessa aflição, acredito, que algumas respostas poderão vir.

Comecemos, pois, por não confundir *Corpus Christi* com *habeas corpus*. Isto é, não confundir modernização com aceitação passiva do que o capitalismo nos impõe. Mas também não confundir a crítica do presente com a nostalgia do passado.

Evidentemente, não tenho uma proposta para uma nova Faculdade de Filosofia, Letras e Ciências Humanas. Mas tenho sugestões, sobre as quais gostaria de conhecer as opiniões dos colegas. Não são muitas, são pouquíssimas, mas quem sabe delas surgirão as boas e verdadeiras propostas vindas de novos debates. Minhas sugestões não são de *defesa* da instituição, mas de *combate* ao que está sendo proposto pelos salvadores modernizantes, combate em duas frentes principais: uma delas voltada para o sentido e significado das teorias e pesquisas e uma outra voltada para o campo da instrumentalidade institucional.

A primeira, na verdade, é simplesmente um eco do que foi proposto neste Simpósio: compreender as causas, os pressupostos e resultados da fragmentação dos trabalhos em humanidades, compreendendo que não se deve a problemas de administração e gestão de recursos humanos e materiais, mas da própria base material de nossa sociedade. Como foi observado numa das exposições (a de Paulo Arantes), a chamada "crise dos paradigmas" não é uma crise teórica, mas resultado histórico de mudanças da base material da sociedade que fizeram desaparecer os antigos objetos da ciências sociais. Assim, minha primeira sugestão é que orientemos nossos esforços num conjunto de pesquisas cujo objetivo seja uma reflexão da Faculdade em sua articulação necessária com as bases materiais da sociedade.

Quero esclarecer que não estou propondo algo que tem sido sempre a nossa cruz e o nosso calvário: a relação entre a universidade e a sociedade. Não é o que estou propondo porque este é um pseudoproblema, criado por uma perspectiva sociologizante positivista. Que faz a sociologia positivista? Recorta o real empírico e diz: "aqui está a sociedade, aqui está a universidade, ali está a política, ali está o trabalho, ali está o campo, ali está a cidade...". Desse recorte empírico, faz surgir disciplinas específicas: sociologia urbana, sociologia rural, sociologia do trabalho, sociologia da educação, sociologia política... O resultado é inevitável: cada um de nós situa-se num "pedaço" do real e deseja saber qual a sua relação com os outros "pedaços". Donde passarmos décadas perguntando qual era a relação entre a sociedade e a universidade, e vice-versa, como se a universidade não fosse constituinte do social, e o social não fosse constitutivo da universidade.

Não estou propondo pesquisas para saber qual o nosso lugar na sociedade ou qual a nossa relação com a sociedade. Estou preocupada com o modo pelo qual *somos* sociais, o modo pelo qual a base econômica, material da sociedade brasileira determina o que se passa no nosso trabalho, o modo como a fragmentação, a dispersão, a terceirização são produzidas e reproduzidas por nós, aqui. Fazer dessas questões um dos nossos temas de pesquisa fará que não nos coloquemos numa atitude meramente defensiva, mas combativa.

A segunda sugestão também é um eco do que foi proposto neste Simpósio: tomar a questão do ensino não como técnica de transmissão de conhecimentos e de consumo passivo dos saberes, mas como parte constitutiva da aparição de sujeitos do conhecimento, de tal modo que o ensino e a instituição universitários sejam simultaneamente agentes e produtos da ação de conhecimento que engendra esse sujeito.

Por que essa proposta? Porque passamos o tempo nos perguntando qual pode ser a relação entre o ensino e a pesquisa. Mas, quem inventou esse problema? Esse problema foi inventado com a escolarização da graduação, e mesmo da pós-graduação, ou seja, com a transformação do ensino num conjunto de técnicas de transmissão de informações e conhecimentos. Não permitindo o surgimento de sujeitos de conhecimento, não propiciando a aparição de pesquisadores a partir do próprio ensino, não fazendo da docência nosso modo fundamental de trabalhar academicamente, evidentemente cria-se o problema da relação entre ensino e pesquisa.

A terceira sugestão é acolher novos temas, novos métodos, novas técnicas, novos campos de pesquisa, mas não, como observou Fernando Novais, por serem novos nem porque sejam a garantia de uma ocupação, isto é, nem porque sejam parte da *fashion culture*, nem porque sejam garantia de emprego, mas porque fazem sentido, correspondem a necessidades e experiências reais que pedem interpretação e compreensão.

A quarta sugestão é buscar caminhos pelos quais as carências e demandas sociais profundas da miséria e do desemprego da classe trabalhadora da nossa sociedade encontrem eco nas nossas pesquisas, que poderão oferecer caminhos colaborando em políticas sociais.[2]

Essas poucas sugestões referem-se ao conteúdo e à forma de nossa atividade, pensados de tal maneira que possamos responder reflexiva e criticamente ao que acontece conosco, compreendendo o que acontece com a sociedade, isto é, conosco. Dessa maneira, talvez possamos encontrar caminhos para nossas aspirações intelectuais e culturais, para as nossas exigências éticas e esperanças políticas, garantindo que não definamos a nossa essencialidade pelo prisma da prestação de serviços.

Eu teria também algumas sugestões relativas às condições instrumentais para este trabalho, isto é, as condi-

---

[2] Eu poderia dar um conjunto grande de exemplos de como isso é possível, pois venho de uma experiência na Prefeitura de São Paulo, na qual a universidade não prestou serviços ao governo, mas realizou ações conjuntas em novas políticas sociais, a partir de pesquisas que já haviam sido efetuadas, e de outras que foram suscitadas pelo próprio processo de colaboração.

ções financeiras e administrativas necessárias para responder às questões anteriores. Vou apenas enumerá-las, deixando para nosso debate a exposição de algumas propostas concretas:

1. reformulação das relações da humanidades com as agências federais de financiamento de pesquisa, tendo como finalidades principais: a) desfazer o emprego de critérios das ciências exatas para o financiamento das pesquisas em humanidades; b) definir o critério dos prazos compatíveis com o trabalho em humanidades; c) impedir que os auxílios funcionem como instrumento de rebaixamento salarial; d) quebrar *lobbies* de pressão privados e de grupos corporativos;

2. garantia de recursos públicos para a infraestrutura da docência e da pesquisa (política do livro, política de bibliotecas, laboratórios e equipamentos);

3. definição de uma política de difusão dos resultados da pesquisa (política editorial para livros, revistas e periódicos);

4. tomar centros e núcleos de pesquisa interdisciplinares como *resultado* de trabalhos que os suscitam e não como *condição* deles, isto é, como procedimento de trabalho e não como tentativa para contornar a fragmentação e dispersão dos conhecimentos;

5. bloquear o poderio das atividades-meio (burocrático-administrativas) sobre as atividades-fim (docência e pesquisa), reformulando a estrutura e organização democráticas da universidade.

7
A universidade hoje[1]

Está em curso, no Brasil, a chamada Reforma do Estado. Seu Plano (desenhado em organogramas e fluxogramas) e sua implantação (justificada em dezenas de "exposições de motivos") pretendem ser uma "engenharia política" que visa adaptar o Estado brasileiro às exigências impostas pela nova forma do capital, que não carece mais, como careceu nos anos 1940-1970, do Estado como parceiro econômico e regulador da economia. Definida como racionalizadora e modernizadora, a Reforma tem como objetivo redefinir e redistribuir as atividades estatais em quatro campos:

---

[1] Este texto é uma versão modificada de duas outras versões. A primeira foi originalmente uma conferência no colóquio "Antonio Candido. Pensamento e militância", na USP, em 1998, e publicada em livro com o mesmo título pela Editora Fundação Perseu Abramo, em 1999. Uma segunda versão foi publicada em Trindade, H. (Org.) *A universidade em ruínas*. Porto Alegre: L&PM, 1999.

1. o Núcleo Estratégico do Estado (os três poderes; o poder executivo presente por meio dos ministérios) para definição do exercício do poder;
2. as Atividades Exclusivas do Estado, definidas pelo Núcleo Estratégico e que não podem ser delegadas a instituições não estatais;
3. os Serviços Não Exclusivos do Estado, isto é, aqueles que podem ser realizados por instituições não estatais, na qualidade de prestadoras de serviços; o Estado provê tais serviços, mas não executa uma política, nem executa diretamente o serviço. Nesses serviços estão incluídas a educação, a saúde, a cultura, as utilidades públicas;
4. o Setor de Produção para o mercado, isto é, as empresas estatais.

O Plano distingue o setor de atividades exclusivas do Estado e o de serviços não exclusivos do Estado fazendo distinção entre "agências autônomas" e "organizações sociais". São agências autônomas as instituições de direito público, que realizam as atividades exclusivas do Estado. São organizações sociais as instituições públicas não estatais, que operam no setor de serviços. As universidades, as escolas técnicas, os museus e os centros de pesquisa estão nesse grupo. As organizações sociais são consideradas prestadoras de serviço ao Estado e com ele celebram "contratos de gestão". A universidade é, assim, uma organização social que presta um serviço ao Estado e celebra com ele um contrato de gestão.

O fundamento ideológico da Reforma é cristalino: todos os problemas e malefícios econômicos, sociais e políticos do país decorrem da presença do Estado não só no Setor de Produção para o mercado, mas também nos Serviços Não Exclusivos, donde se conclui que todas as soluções e todos os benefícios econômicos, sociais e políticos procedem da presença das empresas privadas no Setor de Produção e nos setores de Serviços Não Exclusivos. Em outras palavras, o mercado é portador de racionalidade sociopolítica e agente principal do bem-estar da República.

Ora, isso significa que a Reforma não prevê apenas a saída do Estado do Setor de Produção para o Mercado (como seria de esperar numa ideologia da "desregulação" econômica), mas também do setor de serviços públicos, pois estabelece uma identificação imediata entre intervenção estatal reguladora da economia e direitos sociais. Em outras palavras, exclui as exigências democráticas dos cidadãos ao *seu* Estado e aceita apenas as exigências feitas pelo capital ao seu Estado, isto é, exclui todas as conquistas econômicas, sociais e políticas, vindas de lutas populares no interior da luta de classes. Essa identificação entre o Estado e o capital em sua forma neoliberal aparece de maneira clara na substituição do conceito de *direitos* pelo de *serviços*, que leva a colocar *direitos* (como a saúde, a educação e a cultura) no setor de *serviços* estatais, destinados a se tornar não estatais. A Reforma encolhe o espaço público dos direitos e amplia o espaço privado não só ali onde isso seria previsível – nas atividades ligadas à produção econômica –, mas também onde não é admissível – no campo dos direitos sociais conquistados. O Estado se desobriga, portanto, de uma atividade eminentemente política, uma vez que pretende desfazer a articulação democrática entre poder e direito. Dessa maneira, ao colocar a educação no campo de serviços, deixa de considerá-la um direito dos cidadãos e passa a tratá-la como qualquer outro serviço público, que pode ser terceirizado ou privatizado.

O pressuposto da Reforma do Estado é o chamado "colapso da modernização", ou o declínio do Estado de Bem-Estar, que deve receber a ação racionalizadora trazida pela economia política neoliberal, nascida, como vimos na Introdução, por volta de 1974. O neoliberalismo econômico e político tornou-se responsável pela mudança da forma de acumulação do capital, hoje conhecida como "acumulação flexível" e que não havia sido prevista pelo grupo neoliberal. De fato, este propusera seu pacote de medidas na certeza de que baixaria a taxa de inflação e aumentaria a taxa do crescimento econômico. A primeira aconteceu, mas a segunda não, porque o modelo incentivou a especulação financeira em vez dos investimentos na produção; o monetarismo superou a indústria. Donde falar-se em "capitalismo pós-industrial". É esse modelo, com os ajustes monetaristas, que vem sendo aplicado para a Reforma do Estado brasileiro.

Essa Reforma, porém, exige que compreendamos o nexo necessário entre a forma anterior do Estado e o que se propõe agora para reformá-lo.

A economia política que sustentava o Estado do Bem-Estar possuía, *grosso modo*, três características principais: 1. o fordismo na produção, isto é, as grandes plantas industriais que realizavam a atividade econômica desde a produção da matéria-prima até sua distribuição no mercado de bens e de consumo, controlando, por meio do planejamento e da chamada "gerência científica", a organização do trabalho, a produção de grandes estoques e o controle dos preços; 2. a inclusão crescente dos indivíduos no mercado de trabalho, orientando-se pela ideia de pleno emprego; 3. monopólios e oligopólios que, embora transnacionais ou multinacionais, tinham como referência reguladora o Estado Nacional. Para que essa economia realizasse o Bem-Estar foi preciso que o Estado nela interviesse como regulador e como parceiro, o que foi feito pela criação do fundo público. Foram as contradições geradas pelo fundo público que, segundo Francisco de Oliveira,[2] levaram ao que veio a se chamar de "crise fiscal do Estado" ou "o colapso da modernização".

Como opera o fundo público? De duas maneiras principais: 1. pelo financiamento simultâneo da acumu-

---

2 Oliveira, F. de. O surgimento do antivalor. Capital, força de trabalho e fundo público. In: _____. *Os direitos do antivalor*. A economia política da hegemonia imperfeita. Petrópolis: Vozes, 1998. (Coleção Zero à Esquerda.)

lação do capital (os gastos públicos com a produção, desde subsídios para a agricultura, a indústria e o comércio, até subsídios para a ciência e a tecnologia, formando amplos setores produtivos estatais que desaguaram no célebre complexo militar-industrial, além da valorização financeira do capital por meio da dívida pública etc.); e 2. pelo financiamento da reprodução da força de trabalho, alcançando toda a população por meio dos gastos sociais (educação gratuita, medicina socializada, previdência social, seguro-desemprego, subsídios para transporte, alimentação e habitação, subsídios para cultura e lazer, salários-família, salário-desemprego etc.). Em suma, o Estado do Bem-Estar introduziu a República entendida estruturalmente como gestão dos fundos públicos, os quais se tornam precondição da acumulação e da reprodução do capital (e formação da taxa de lucro) e da força de trabalho por meio das despesas sociais. Numa palavra, houve a socialização dos custos da produção e manutenção da apropriação privada dos lucros ou da renda (isto é, a riqueza não foi socializada).

A ação de duplo financiamento gerou um segundo salário, o salário indireto, ao lado do salário direto, isto é, o direto é aquele pago privadamente ao trabalho e o indireto é aquele pago publicamente aos cidadãos para a reprodução de sua força de trabalho. O resultado foi o aumento da capacidade de consumo das classes sociais, particularmente da classe média e da classe trabalhadora; ou seja, o consumo de massa.

Nesse processo de garantia de acumulação e reprodução do capital e da força de trabalho, o Estado endividou-se e entrou num processo de dívida pública conhecido como déficit fiscal ou "crise fiscal do Estado". A isso deve-se acrescentar o momento crucial da crise, isto é, o instante de internacionalização oligopólica da produção e da finança, pois os oligopólios multinacionais não enviam aos seus países de origem os ganhos obtidos fora de suas fronteiras e, portanto, não alimentam o fundo público nacional, que deve continuar financiando o capital e a força de trabalho. É isso o "colapso da modernização" e a origem da aplicação da política neoliberal, que propõe "enxugar" ou encolher o Estado.

Ora, o que significa exatamente o fundo público (ou a maneira como opera a esfera pública no Estado de Bem-Estar)? Como explica Francisco de Oliveira, o fundo público é o antivalor (não é o capital) e é antimercadoria (não é a força de trabalho) e, como tal, é a condição ou o pressuposto da acumulação e da reprodução do capital e da força de trabalho. É nele que vem pôr-se a contradição atual do capitalismo, isto é, ele é o pressuposto necessário do capital e, como pressuposto, é a negação do próprio capital (visto que o fundo público não é capital nem trabalho). Por outro lado, o lugar ocupado pelo fundo público com o salário indireto impede que a força de trabalho seja avaliada apenas pela relação capital-trabalho (pois na composição do salário entra também o salário indireto pago pelo fundo público). Ora, no capitalismo clássico o trabalho era a mercadoria-padrão que media o valor das outras mercadorias e da mercadoria principal, o dinheiro. Quando o trabalho perde a condição de mercadoria-padrão, essa condição também é perdida pelo dinheiro que deixa de ser mercadoria e se torna simplesmente moeda ou expressão monetária da relação entre credores e devedores, provocando, assim, a transformação da economia em monetarismo.

Além disso, com sua presença sob a forma do salário indireto, o fundo público desatou o laço que prendia o capital à força de trabalho (ou salário direto). Essa amarra era o que, no passado, fazia a inovação técnica pelo capital ser uma reação ao aumento real de salário e, desfeito o laço, o impulso à inovação tecnológica tornou-se praticamente ilimitado, provocando expansão dos investimentos e agigantamento das forças produtivas cuja liquidez é impressionante, mas cujo lucro não é suficiente para concretizar todas as possibilidades tecnológicas. Por isso mesmo, o capital precisa de parcelas de riqueza pública, isto é, do fundo público, na qualidade de financiador dessa concretização.

Esse quadro indica que o fundo público define a esfera pública da economia de mercado socialmente regulada e que as democracias representativas agem num campo de lutas polarizado pela direção dada ao fundo público. Visto da perspectiva da luta política, o neoliberalismo não é, de maneira nenhuma, a crença na racionalidade do mercado, o enxugamento do Estado e a desaparição do fundo público, mas a posição, no momento vitoriosa, que decide cortar o fundo público no polo de financiamento dos bens e serviços públicos (ou o do salário indireto) e maximizar o uso da riqueza pública nos investimentos exigidos pelo capital, cujos lucros não são suficientes para cobrir todas as possibilidades tecnológicas que ele mesmo abriu. Que o neoliberalismo é a opção preferencial pela acumulação e reprodução do capital, o montante das dívidas públicas dos Estados nacionais fala por si mesmo. Mas isso significa também que a luta democrática das classes populares está demarcada como luta pela gestão do fundo público, opondo-se à gestão neoliberal.

Ora, neste momento, do lado da educação, a batalha republicana só conta derrotas (ou vitórias neoliberais). No caso específico da universidade, sua nova posição no setor de prestação de serviços indica um eclipse da ideia de direito social e explica, por exemplo, por que volta à baila a tese do ensino público pago com a ideia de que assim justiça será feita, pois "os ricos devem pagar pelos pobres".

De fato, a cantilena "os ricos devem pagar pelos pobres" significa, em primeiro lugar, que os ricos são vistos como cidadãos (pagam impostos e mensalidades) e os pobres não (mesmo que saibamos que, neste país, os ricos não pagam impostos); em segundo lugar, que a educação não é vista como um direito de todos, mas como um direito dos ricos e uma benemerência para os pobres; em terceiro lugar, que a cidadania, reduzida ao pagamento de impostos e mensalidade, e o assistencialismo, como compaixão pelos deserdados, destroem qualquer possibilidade democrática de justiça. Embora a visão liberal reduza a democracia ao regime da lei da ordem, essa imagem deixa escapar o principal, isto é, que a democracia está fundada na noção de direitos, e por isso mesmo está apta a diferenciá-los de privilégios e carências. Os primeiros são, por definição, particulares, não podendo generalizar-se num interesse comum nem universalizar-se num direito porque deixariam de ser privilégios. Carências, por sua vez, são sempre específicas e particulares, não conseguindo ultrapassar a especificidade e a particularidade rumo a um interesse comum nem universalizar-se num direito. A cantilena "os ricos devem pagar pelos pobres" reforça a polarização entre privilégio e carência e, longe de ser instrumento de justiça social, mantém a impossibilidade de que esta seja instituída pela ação criadora de direitos que é a definição mesma da democracia, quando esta não é simplesmente identificada, à maneira liberal, ao regime da lei e da ordem. Em outras palavras, somente a ideia de igualdade de condições (e não a propalada igualdade mercantil das oportunidades) sustenta a ideia de criação e conservação dos direitos e estabelece o vínculo profundo entre democracia e justiça social.

Quando, portanto, a Reforma do Estado transforma a educação de direito em serviço e percebe a universidade como prestadora de serviços, confere um sentido bastante determinado à ideia de autonomia universitária, e introduz o vocabulário neoliberal para pensar o trabalho universitário, como transparece no uso de expressões como "qualidade universitária", "avaliação universitária" e "flexibilização da universidade".

Durante a ditadura, todos estão lembrados, uma das bandeiras de luta das universidades públicas foi pela autonomia, isto é, para que as decisões universitárias fossem tomadas pelas próprias universidades em seus órgãos colegiados. Essa luta foi mais candente no caso das universidades federais, diretamente dependentes de atos da Presidência da República, explicando por que um dos elementos-chave do combate era a conquista da eleição direta dos dirigentes universitários (reitores e diretores de unidades). Sob suas múltiplas manifestações, a ideia de autonomia, como a própria palavra grega indica – ser autor do *nomos*, ser autor da norma, da regra e da lei –, buscava não só garantir que a universidade pública fosse regida por suas próprias normas, democraticamente instituídas por seus órgãos representativos, mas visava, ainda, assegurar critérios acadêmicos para a vida acadêmica e independência para definir a relação com a sociedade e com o Estado. Numa palavra, autonomia possuía sentido sociopolítico e era vista como a marca própria de uma instituição social que possuía na sociedade seu princípio de ação e de regulação. Ao ser, porém, transformada numa organização administrada, a universidade pública perde a ideia e a prática da autonomia, pois esta, agora, se reduz à gestão de receitas e despesas, de acordo com o contrato de gestão pelo qual o Estado estabelece metas e indicadores de desempenho, que determinam a renovação ou não renovação do contrato. A autonomia significa, portanto, gerenciamento empresarial da instituição e prevê que, para cumprir as metas e alcançar os indicadores impostos pelo contrato de gestão, a universidade tem "autonomia" para "captar recursos" de outras fontes, fazendo parcerias com as empresas privadas. Não só isso. Como tem explicado a Andes, o MEC tende a confundir autonomia e autarquia e, por conseguinte, a pensar a universidade pública como um órgão da administração indireta, gerador de receitas e captador de recursos externos.

A "flexibilização", por seu turno, é o corolário da "autonomia". Na linguagem do Ministério da Educação, "flexibilizar" significa: 1. eliminar o regime único de trabalho, o concurso público e a dedicação exclusiva, substituindo-os por "contratos flexíveis", isto é, temporários e precários; 2. simplificar os processos de compras (as licitações), a gestão financeira e a prestação de contas (sobretudo para proteção das chamadas "outras fontes de financiamento", que não pretendem se ver publicamente expostas e controladas); 3. adaptar os currículos de graduação e pós-graduação às necessidades profissionais das diferentes regiões do país, isto é, às demandas das empresas locais (aliás, é sistemática nos textos da Reforma referentes aos serviços a identificação entre "social" e "empresarial"); 4. separar docência e pesquisa, deixando a primeira na universidade e deslocando a segunda para centros autônomos de pesquisa.

A "qualidade", por sua vez, é definida como competência e excelência cujo critério é o "atendimento às necessidades de modernização da economia e desenvolvimento social"; e é medida pela produtividade, orientada por três critérios: *quanto* uma universidade produz, *em quanto tempo* produz e qual *o custo* do que produz. Em outras palavras, os critérios da produtividade são quantidade, tempo e custo, que definirão os contratos de gestão. Observa-se que a pergunta pela produtividade não indaga: o que se produz, como se produz, para que ou para quem se produz, mas opera uma inversão tipicamente ideológica da qualidade em quantidade. Observa-se também que a docência não entra na medida da produtividade e, portanto, não faz parte da qualidade universitária, o que, aliás, justifica a prática dos "contratos flexíveis". Ora, considerando-se que a proposta da Reforma separa a universidade e o centro de pesquisa, e considerando-se que a "produtividade" orienta o contrato de gestão, cabe indagar qual haverá de ser o critério dos contratos de gestão da universidade, uma vez que não há definição de critérios para "medir" a qualidade da docência.

O léxico da Reforma é inseparável da definição da universidade como "organização social" e de sua inserção no setor de serviços não exclusivos do Estado. Ora, desde seu surgimento (no século XIII europeu), a universidade sempre foi uma *instituição social*, isto é, uma *ação social*, uma prática social fundada no reconhecimento público de sua legitimidade e de suas atribuições, num princípio de diferenciação, que lhe confere autonomia perante outras instituições sociais, e estruturada por ordenamentos, regras, normas e valores de reconhecimento e legitimidade internos a ela. A legitimidade da universidade moderna fundou-se na conquista da ideia de autonomia do saber em face da religião e do Estado, portanto, na ideia de um conhecimento guiado por sua própria lógica, por necessidades imanentes a ele, tanto do ponto de vista de sua invenção ou descoberta como no de sua transmissão. Por isso mesmo, a universidade europeia tornou-se inseparável das ideias de *formação, reflexão, criação* e *crítica*. Com as lutas sociais e políticas dos últimos séculos, com a conquista da educação e da cultura como direitos, a universidade tornou-se também uma instituição social inseparável da ideia de democracia e de democratização do saber: seja para realizar essa ideia seja para opor-se a ela, a instituição universitária não pode furtar-se à referência à democracia como ideia reguladora, nem pode furtar-se a responder, afirmativa ou negativamente, ao ideal socialista.

Que significa, então, passar da condição de instituição social à de organização social? Ou, para usarmos o vocabulário preciso da Escola de Frankfurt,[3] que significa

---

[3] A Escola de Frankfurt mostrou que a ideia de administração é inseparável do modo de produção capitalista como produção de equivalentes para a troca. O capitalismo estabeleceu um equivalente universal – a mercadoria dinheiro – como instrumento generalizado e generalizador da troca de equivalentes e garantiu que o mercado fosse o espaço de produção e distribuição dos equivalentes. A universalização dos equivalentes faz que tudo seja equivalente a tudo e é essa homogeneidade que permite introduzir a administração como um conjunto de regras e princípios formais, idênticos para todas as instituições sociais (não há diferença administrativa entre uma escola ou uma montadora de veículos ou um *shopping center*), e é a ação administrativa que transforma uma instituição numa organização.

passar da condição de instituição social à de entidade administrada? O movimento do capital tem a peculiaridade de transformar toda e qualquer realidade em objeto do e para o capital, convertendo tudo em mercadoria destinada ao mercado e por isso mesmo produz um sistema universal de equivalências, próprio de uma formação social baseada na troca de equivalentes ou na troca de mercadorias pela mediação de uma mercadoria, o dinheiro como equivalente universal. A prática contemporânea da administração parte de dois pressupostos: o de que toda dimensão da realidade social é equivalente a qualquer outra e por esse motivo é administrável de fato e de direito, e o de que os princípios administrativos são os mesmos em toda parte porque todas as manifestações sociais, sendo equivalentes, são regidas pelas mesmas regras. Em outras palavras, a administração é percebida e praticada segundo um conjunto de normas gerais desprovidas de conteúdo particular e que, por seu formalismo, são aplicáveis a todas as manifestações sociais. Uma sociedade de mercado produz e troca equivalentes e suas instituições são, por isso mesmo, equivalentes também. É isso que se costuma batizar de "tecnocracia", isto é, aquela prática que julga ser possível dirigir a universidade segundo as mesmas normas e os mesmos critérios com que se administra uma montadora de automóveis ou uma rede de supermercados.

A prática administrativa se reforça e se amplia à medida que o modo de produção capitalista entra na sua fase contemporânea, conhecida como "acumulação flexível", ou, mais simplesmente, o capital sob os efeitos da desregulação trazida pelo neoliberalismo. De fato, as grandes concentrações das plantas industriais foram substituídas pela dispersão e fragmentação da produção, espalhada por todo o planeta, acompanhada pelo desemprego estrutural, pela perda de referenciais de classe, pela contração do espaço e do tempo, reduzidos à cronologia veloz de imagens que percorrem a superfície social e tendo por modelo a fugacidade do mercado da moda. A fragmentação e desarticulação crescente e ilimitada de todas as esferas e dimensões da vida social exige que se volte a articulá-las e isso é feito por meio da administração. A rearticulação administrativa transforma uma instituição social numa *organização*, isto é, numa entidade isolada cujo sucesso e cuja eficácia se medem em termos da gestão de recursos e estratégias de desempenho e cuja articulação com as demais se dá por meio da competição.

Uma *organização*[4] difere de uma instituição por definir-se por uma outra prática social, qual seja, a de sua instrumentalidade: está referida ao conjunto de meios (administrativos) particulares para a obtenção de um objetivo particular. Não está referida a ações articuladas às ideias de reconhecimento externo e interno, de legitimidade interna e externa, mas a operações definidas como estratégias balizadas pelas ideias de eficácia e de sucesso no emprego de determinados meios para alcançar o objetivo particular que a define. Por ser uma administração, é regida pelas ideias de gestão, planejamento, previsão, controle e êxito. Não lhe compete discutir ou questionar sua própria existência, sua função, seu lugar no interior da luta de classes, pois isso que para a instituição social universitária é crucial é, para a organização, um dado de fato. Ela sabe (ou julga saber) por quê, para que e onde existe.

A instituição social aspira à universalidade. A organização sabe que sua eficácia e seu sucesso dependem de sua particularidade. Isso significa que a instituição tem a sociedade como seu princípio e sua referência normativa e valorativa, enquanto a organização tem apenas a si mesma como referência, num processo de competição com outras que fixaram os mesmos objetivos particulares. Em

---

4 A distinção entre instituição social e organização social, de inspiração frankfurtiana, é feita por Michel Freitag em *Le naufrage de l'université* (Paris: La Découverte, 1996).

outras palavras, a instituição se percebe inserida na divisão social e política e busca definir uma universalidade (ou imaginária ou desejável) que lhe permita responder às contradições impostas pela divisão. Ao contrário, a organização pretende gerir seu espaço e tempo particulares aceitando como dado bruto sua inserção num dos polos da divisão social, e seu alvo não é responder às contradições, e sim vencer a competição com seus supostos iguais.

Como foi possível passar da ideia da universidade como instituição social à sua definição como organização prestadora de serviços?

A forma atual do capitalismo se caracteriza pela fragmentação de todas as esferas da vida social, partindo da fragmentação da produção, da dispersão espacial e temporal do trabalho, da destruição dos referenciais que balizam a identidade de classe e as formas da luta de classes. A sociedade *aparece* como uma rede móvel, instável, efêmera de organizações particulares definidas por estratégias particulares e programas particulares, competindo entre si. Sociedade e Natureza são reabsorvidas uma na outra e uma pela outra porque ambas deixaram de ser um princípio interno de estruturação e diferenciação das ações naturais e humanas para se tornarem, abstratamente, "meio ambiente"; e "meio ambiente" instável, fluido, permeado por um espaço e um tempo virtuais que nos afastam de qualquer densidade material; "meio ambiente" perigoso, ameaçador e ameaçado, que deve ser gerido, programado, planejado e controlado por estratégias de intervenção tecnológica e jogos de poder. Por isso mesmo, a permanência de uma organização depende muito pouco de sua estrutura interna e muito mais de sua capacidade de adaptar-se celeremente a mudanças rápidas da superfície do "meio ambiente". Donde o interesse pela ideia de flexibilidade, que indica a capacidade adaptativa a mudanças contínuas e inesperadas. A organização pertence à ordem biológica da plasticidade do comportamento adaptativo.

A passagem da universidade da condição de instituição à de organização insere-se nessa mudança geral da sociedade, sob os efeitos da nova forma do capital, e ocorreu em três etapas sucessivas, também acompanhando as sucessivas mudanças do capital. Numa primeira etapa, tornou-se *universidade funcional*; na segunda, *universidade de resultados*; e na terceira, *operacional*.[5] No caso do Brasil, essa sucessão correspondeu ao "milagre econômico", dos anos 70, ao processo conservador de abertura política dos anos 80 e ao neoliberalismo dos anos 90. Em outras palavras, correspondeu às várias reformas do ensino destinadas a adequar a universidade ao mercado.

A *universidade funcional*, dos anos 70, foi o prêmio de consolação que a ditadura ofereceu à sua base de sustentação político-ideológica, isto é, à classe média despojada de poder. A ela foram prometidos prestígio e ascensão social por meio do diploma universitário. Donde a massificação operada, a abertura indiscriminada de cursos superiores, o vínculo entre universidades federais e oligarquias regionais e a subordinação do MEC ao Ministério do Planejamento. Essa universidade foi aquela voltada para a formação rápida de profissionais requisitados como mão de obra altamente qualificada para o mercado de trabalho. Adaptando-se às exigências do mercado, a universidade alterou seus currículos, programas e atividades para garantir a inserção profissional dos estudantes no mercado de trabalho.

A *universidade de resultados*, dos anos 80, foi aquela gestada pela etapa anterior, mas trazendo novidades. Em primeiro lugar, a expansão para o ensino superior da presença crescente das escolas privadas, encarregadas de continuar alimentando o sonho social da classe média; em segundo, a introdução da ideia de parceria entre a universidade pública e as empresas privadas. Este segundo

---

5 Essa expressão é de Michel Freitag (op. cit., 1996).

aspecto foi decisivo na medida em que as empresas não só deveriam assegurar o emprego futuro aos profissionais universitários e estágios remunerados aos estudantes, como ainda financiar pesquisas diretamente ligadas a seus interesses. Eram os empregos e a utilidade imediata das pesquisas que garantiam à universidade sua apresentação pública como portadora de resultados.

A *universidade operacional*, dos anos 90, difere das formas anteriores. De fato, enquanto a universidade clássica estava voltada para o conhecimento, a universidade funcional estava voltada diretamente para o mercado de trabalho, e a universidade de resultados estava voltada para as empresas; a universidade operacional, por ser uma organização, está voltada para si mesma como estrutura de gestão e de arbitragem de contratos. Em outras palavras, a universidade está virada para dentro de si mesma, mas, como veremos, isso não significa um retorno a si, e sim, antes, uma perda de si mesma.

Regida por contratos de gestão, avaliada por índices de produtividade, calculada para ser flexível, a universidade operacional está estruturada por estratégias e programas de eficácia organizacional e, portanto, pela particularidade e instabilidade dos meios e dos objetivos. Definida e estruturada por normas e padrões inteiramente alheios ao conhecimento e à formação intelectual, está pulverizada em microrganizações que ocupam seus docentes e curvam seus estudantes a exigências exteriores ao trabalho intelectual. A heteronomia da universidade autônoma é visível a olho nu: o aumento insano de horas-aula, a diminuição do tempo para mestrados e doutorados, a avaliação pela quantidade de publicações, colóquios e congressos, a multiplicação de comissões e relatórios etc. Virada para seu próprio umbigo, mas sem saber onde este se encontra, a universidade operacional opera e por isso mesmo não age. Não surpreende, então, que esse operar coopere para sua contínua desmoralização pública e degradação interna.

Que se entende por docência e pesquisa, na universidade operacional, produtiva e flexível?

A docência é entendida como transmissão rápida de conhecimentos, consignados em manuais de fácil leitura para os estudantes, de preferência ricos em ilustrações e com duplicata em CDs. O recrutamento de professores é feito sem levar em consideração se dominam ou não o campo de conhecimentos de sua disciplina e as relações entre ela e outras afins – o professor é contratado ou por ser um pesquisador promissor que se dedica a algo muito especializado, ou porque, não tendo vocação para a pesquisa, aceita ser escorchado e arrochado por contratos de trabalho temporários e precários, ou melhor, "flexíveis". A docência é pensada ou como habilitação rápida para graduados, que precisam entrar rapidamente num mercado de trabalho, do qual serão expulsos em poucos anos, pois se tornam, em pouco tempo, jovens obsoletos e descartáveis; ou então como correia de transmissão entre pesquisadores e treino para novos pesquisadores. Transmissão e adestramento. Desapareceu, portanto, a marca essencial da docência: a formação.

A desvalorização da docência teria significado a valorização excessiva da pesquisa? Ora, o que é a pesquisa na universidade operacional?

À fragmentação econômica, social e política, imposta pela nova forma do capitalismo, corresponde uma ideologia autonomeada pós-moderna. Essa nomenclatura pretende marcar a ruptura com as ideias clássicas e ilustradas, que fizeram a modernidade. Para essa ideologia, a razão, a verdade e a história são mitos totalitários; o espaço e o tempo são sucessão efêmera e volátil de imagens velozes e a compressão dos lugares e instantes na irrealidade virtual, que apaga todo contato com o espaço-tempo como estrutura do mundo; a subjetividade não é a reflexão, mas a intimidade narcísica, e a objetividade não é o conhecimento do que é exterior e diverso do sujeito, e sim um conjunto de estratégias montadas sobre jogos de linguagem, que representam jogos de pensamento. A história do saber aparece como troca periódica de jogos de linguagem e de pensamento, isto é, como invenção e abandono de "paradigmas", sem que o conhecimento jamais toque a própria realidade. O que pode ser a pesquisa numa universidade operacional sob a ideologia pós-moderna? O que há de ser a pesquisa quando razão, verdade, história são tidas por mitos, espaço e tempo se tornaram a superfície achatada de sucessão de imagens, pensamento e linguagem se tornaram jogos, constructos contingentes cujo valor é apenas estratégico?

Numa organização, uma "pesquisa" é uma estratégia de intervenção e de controle de meios ou instrumentos para a consecução de um objetivo delimitado. Em outras palavras, uma "pesquisa" é um "*survey*" de problemas, dificuldades e obstáculos para a realização do objetivo, e um cálculo de meios para soluções parciais e locais para problemas e obstáculos locais. Pesquisa, ali, não é conhecimento de alguma coisa, mas posse de instrumentos para intervir e controlar alguma coisa. Por isso mesmo, numa organização não há tempo para a reflexão, a crítica, o exame de conhecimentos instituídos, sua mudança ou sua superação. Numa organização, a atividade cognitiva não tem como nem por que se realizar. Em contrapartida, no jogo estratégico da competição no mercado, a organização se mantém e se firma se for capaz de propor áreas de problemas, dificuldades, obstáculos sempre novos, o que é feito pela fragmentação de antigos problemas em novíssimos microproblemas, sobre os quais o controle parece ser cada vez maior. A fragmentação, condição de sobrevida da organização, torna-se real e propõe a especialização como estratégia principal e entende por "pesquisa" a delimitação estratégica de um campo de intervenção e controle. É evidente que a avaliação desse trabalho só pode ser feita em termos compreensíveis para uma organização, isto é, em termos de custo/benefício, pautada pela ideia de produtividade, que avalia em quanto tempo, com que custo e quanto foi produzido.

Em suma, se por pesquisa entendermos a investigação de algo que nos lança na interrogação, que nos pede reflexão, crítica, enfrentamento com o instituído, descoberta, invenção e criação; se por pesquisa entendermos o trabalho do pensamento e da linguagem para pensar e dizer o que ainda não foi pensado nem dito; se por pesquisa entendermos uma visão compreensiva de totalidades e sínteses abertas que suscitam a interrogação e a busca; se por pesquisa entendermos uma ação civilizatória contra a barbárie social e política, então, é evidente que não há pesquisa na universidade operacional.

Essa universidade não forma e não cria pensamento, despoja a linguagem de sentido, densidade e mistério, destrói a curiosidade e a admiração que levam à descoberta do novo, anula toda pretensão de transformação histórica como ação consciente dos seres humanos em condições materialmente determinadas.

8
A questão da autonomia

I

A muitos tem parecido que, desde algumas décadas, duas tendências se combatem no interior da universidade brasileira: em termos sociológicos, a luta se daria entre uma corrente tecnocrática e outra humanista; em termos políticos, o embate se traduziria na oposição entre eficácia (ou competência) e utopia (ou democratismo); e em termos acadêmicos, o confronto se manifestaria como oposição entre prática concreta e especulação abstrata. Essa figuração dos conflitos, hoje tida como um lugar-comum da vida universitária, não é casual, mas exprime a adesão ou a oposição àquilo que a Escola de Frankfurt designou como *sociedade administrada*.

Lembremos, brevemente, um dos ensinamentos mais interessantes da Teoria Crítica, quando analisou o conceito e a prática da administração como fenômeno característico do modo de produção capitalista avançado. O movimento do capital tem a peculiaridade de transformar toda e qualquer realidade em objeto do e para o capital, convertendo tudo em mercadoria destinada ao mercado, e por isso mesmo produzindo um sistema universal de equivalências, próprio de uma formação social baseada na troca de equivalentes ou na troca de mercadorias pela mediação de uma mercadoria, o dinheiro como equivalente universal. A prática contemporânea da administração parte de dois pressupostos: o de que toda dimensão da realidade social é equivalente a qualquer outra e por esse motivo é administrável de fato e de direito, e o de que os princípios administrativos são os mesmos em toda parte porque todas as manifestações sociais, sendo equivalentes, são regidas pelas mesmas regras. Em outras palavras, a administração é percebida e praticada segundo um conjunto de normas gerais desprovidas de conteúdo particular e que, por seu formalismo, são aplicáveis a todas as manifestações sociais. Uma sociedade de mercado produz e troca equivalentes e suas instituições são, por isso mesmo, equivalentes também. É isso que se costuma batizar de "tecnocracia", isto é, aquela prática que julga ser possível dirigir a universidade segundo as mesmas normas e os mesmos critérios com que se administra uma montadora de automóveis ou uma rede de supermercados.

A prática administrativa se reforça e se amplia à medida que o modo de produção capitalista, por exigências da acumulação e da reprodução do capital, fragmenta todas as esferas e dimensões da vida social, desarticulando-as e voltando a articulá-las por meio da administração. Essa rearticulação transforma uma instituição social numa *organização*, isto é, como vimos antes, numa entidade administrada, cujo sucesso e cuja eficácia se medem em termos da gestão de recursos e estratégias de desempenho.

É a metamorfose da universidade pública brasileira em organização o escopo principal da atual reforma do ensino proposta pelo Estado, não sendo por acaso que um dos temas que mais têm despertado polêmica e oposição seja o da autonomia universitária, pois é nela que o novo modelo de gestão se apresenta e se impõe. Para compreendermos o processo em curso e a discussão em torno da autonomia, precisamos dar um passo atrás e acompanhar as ideias propostas pelo Banco Interamericano de Desenvolvimento (BID) para a reestruturação das universidades da América Latina e do Caribe.

II

Em 1996, o BID distribuiu um documento intitulado "Ensino superior na América Latina e no Caribe. Um documento estratégico". É significativo que o subtítulo do documento traga a palavra "estratégico", pois isso já nos orienta para lê-lo, uma vez que se coloca numa perspectiva técnico-operacional e nos avisa de que tratará a questão do ensino superior do ponto de vista da eficácia administrativa.

Em seu preâmbulo, o documento se autojustifica declarando que busca avaliar a situação do ensino superior na América Latina e no Caribe para identificar as principais funções atribuídas a esse ensino, avaliar suas deficiências e problemas, propor reformas e soluções que sirvam de base para uma estratégia de financiamento, levando em conta a "larga experiência (do Banco) no ensino superior e nas tentativas de reformá-lo".[1]

Para comprovar essa "larga experiência", o BID avoca para si as experiências de reforma do ensino na região, feitas entre 1962 e 1984 (portanto, durante o período das ditaduras), assinalando, porém, uma mudança em sua política: até 1984, o Banco tivera uma atitude assistencial,

---

[1] "Ensino superior na América Latina e no Caribe. Um documento estratégico", Departamento de Programas Sociais e Desenvolvimento Sustentado, Banco Interamericano de Desenvolvimento, 1996, p.ii.

dera prioridade às universidades privadas e, pouco a pouco, passara a financiar as agências governamentais de fomento à pesquisa, a estimular o aumento de vagas nas universidades públicas e a exigir a avaliação da qualidade acadêmica. A partir dos anos 90, porém, o BID se recusa à atitude assistencialista, trata os recursos como investimentos que devem produzir retorno (mesmo que a longo prazo), pois doravante:

> O banco deseja aplicar ao ensino superior os mesmos critérios que são válidos para todos os seus investimentos. Os financiamentos devem sustentar atividades que façam sentido econômico, que gerem mais benefícios do que o mercado pode proporcionar, que correspondem a uma prioridade social e que não seriam promovidos por uma atuação isolada das forças do mercado. Outrossim, em uma área em que os gastos são extremamente elevados e em que os clientes mais imediatos pertencem às faixas mais altas da distribuição da renda, as considerações de justiça social são prioritárias. Por fim, os projetos que comportam em si um forte componente de reforma serão favorecidos pelo Banco na medida em que melhoram a eficiência, aumentam os benefícios e/ou melhoram o perfil da justiça social.[2]

O texto é cristalino: o BID trata o ensino superior *exatamente* como trata todos os seus outros investimentos (portanto, numa perspectiva administrativo-operacional) e apoiará os projetos com *forte componente de reforma*. Em outras palavras, financiará os projetos adequados à ideia de investimento bancário, oferecendo-se como suplemento para ações cujo sucesso não pode depender apenas da *atuação isolada das forças de mercado*. O banco pretende, assim, reunir, centralizar e racionalizar essas forças para que haja um sucesso no investimento.

Após o preâmbulo, o documento realiza o diagnóstico com base em dados oferecidos pelos organismos da Amé-

---

2 Ibidem.

rica Latina e do Caribe (como a Fundação Getúlio Vargas, pelo Brasil). Os critérios da avaliação são apenas três, se excetuarmos as considerações sobre as diferenças regionais: 1. custo/benefício; 2. eficácia/inoperância; 3. produtividade.

No que respeita ao primeiro critério, o diagnóstico é severo, pois os custos econômicos do ensino superior são altos para o Estado e o benefício é pequeno porque os currículos são obsoletos, os cursos não preparam pessoal nem para o mercado nem para funções públicas, recebem a maior parte das verbas públicas e causam preocupação, "não tanto pelos resultados medíocres", e sim pela "combinação de um significativo sacrifício fiscal com resultados pobres".[3] A mesma severidade aparece quanto ao segundo critério: as universidades e escolas de ensino superior são inoperantes e sua inoperância se mostra na baixa qualidade do ensino e da pesquisa, na frouxidão dos processos seletivos de acesso dos estudantes e dos docentes (que, segundo o texto, beira o escândalo), nos altos índices de evasão e no gasto excessivo com pessoal (o número excessivo de professores e funcionários por aluno) e pouco investimento em infraestrutura (laboratórios, bibliotecas, equipamentos de informática etc.). Enfim, no que tange ao último critério, o documento declara não haver um sistema coerente de avaliação da produtividade (entendida como publicação de resultados de pesquisa e realização de congressos, colóquios e encontros) e sobretudo deplora a inexistência de um *sistema eficaz de punição e recompensa*, isto é, nada beneficia os produtivos e nada pune os improdutivos: "escasseiam tanto as recompensas para o desempenho excelente como sanções para a incompetência e a irresponsabilidade",[4] prevalecendo o poder desmedido de *lobbies* docentes, para não falar no excessivo poder dos estudantes, im-

---

[3] Ibidem, p.3.
[4] Ibidem.

pedindo que os melhores assumam suas responsabilidades e permitindo que os piores mandem.

O BID considera, porém, que as universidades privadas, "embora ofereçam uma formação de baixa qualidade, caracterizam-se por fatores que estão na ordem do dia da modernização: diferenciação institucional, financiamento privado, resultados muito melhorados em termos dos critérios de eficiência e limitação dos conflitos políticos". O diagnóstico negativo se refere, portanto, prioritariamente às universidades públicas, cujo grau de politização, julga o BID, é excessivo e prejudicial. Tanto assim, que o documento afirma que as universidades privadas, além de prestadoras de serviços a governos democráticos,

> são ágeis em termos evolutivos, adaptam-se a ambientes mutantes e fazem muito do que as universidades públicas paquidérmicas nunca fizeram ou nunca conseguem fazer bem feito. Vivem em mercados competitivos, ganham seu próprio dinheiro, regem-se de forma autônoma.[5]

O ideário neoliberal, que comanda a redação do texto, torna, pois, as universidades privadas um exemplo de modernidade e eficácia, apesar da "formação de baixa qualidade". Donde a finalidade proposta pelo banco:

> Este documento apoia um aumento do índice de retorno dos custos e uma redução nas dotações orçamentárias públicas às instituições de ensino superior medidas como uma porcentagem dos dispêndios do setor. *Deseja-se que, no futuro, os orçamentos estatais cedam lugar a um mix mais equilibrado de recursos públicos e privados.*[6]

O diagnóstico produz a receita: o BID só investirá no ensino superior público da região se tais problemas forem resolvidos e, portanto, se houver uma forte tendência à

---

5 Ibidem, p.4.
6 Ibidem, p.2.

sua reforma a fim de diminuir os gastos públicos para que tais gastos se dirijam prioritariamente ao ensino básico, cuja situação é calamitosa. O modelo administrativo proposto pelo banco é tomado a partir dos padrões gerenciais das universidades privadas e de institutos de pesquisa privados e públicos porque "suas organizações hierárquicas facilitam um gerenciamento sadio, obtêm a maior parte de seus recursos das anuidades ou de financiamentos competitivos e mantêm vínculos estreitos com seus mercados".[7]

Qual a reforma proposta?

De acordo com o BID, uma das mazelas de nosso ensino superior decorre da confusão entre esse nível de ensino e a ideia de universidade. Para desfazer tal equívoco, o banco propõe uma tipologia de funções do ensino superior entre as quais se encontra a universidade como um caso particular. Nessa tipologia, o ensino superior pode ser distribuído em quatro funções, especificando-se a finalidade, a fonte de investimento, a forma de credenciamento e de avaliação e a relação com o mercado. Um resumo do extenso quadro oferecido pelo documento é apresentado no Quadro 1.

III

Quem acompanha as propostas governamentais para a reforma do ensino superior não pode deixar de nela reconhecer todas as exigências do BID. Ali estão a redefinição da autonomia universitária, a proposta de flexibilização dos currículos em razão dos mercados, novas propostas para avaliação de estudantes (Provão, ENEM) e de professores, novo sistema de recompensas e punições para a produtividade e a improdutividade, e a defesa das parcerias com o setor privado.

---

[7] Ibidem, p.15.

A questão da autonomia

Quadro 1

Função	Finalidade	Investimento	Avaliação	Mercado
Elites	Pesquisa e ensino de alto nível, conforme as normas acadêmicas internacionalmente consagradas.	Exclusivamente investimentos públicos pesados, a fundo perdido, com mínimo de prestações de contas externas. Autonomia.	Avaliação interna pelos pares.	Relação indireta.
Profissional	Prepara para mercados profissionais específicos que exijam ensino superior. São as tradicionais "grandes escolas" de formação de profissionais liberais.	Investimento misto (público e privado); sistema administrativo e de alocação de recursos orientados para o mercado de trabalho, com laços estreitos com as associações profissionais.	Credenciamento individual pelas respectivas instituições reguladoras da profissão.	Relação direta e imediata.
Técnico	Programas de curta duração, com treinamento em habilidades práticas preparando para ocupações de nível médio no mercado de trabalho. Currículos flexíveis evitando a pretensão universitária.	Investimentos preferencialmente privados. Sistema administrativo e alocação de recursos diretamente voltados para o mercado de trabalho.	Credenciamento dos cursos e não dos indivíduos.	Relação direta e imediata. O mercado deve determinar a flexibilização dos currículos.
Generalista	Cursos de formação geral de curta duração, à maneira das *liberal arts* norte-americanas. Currículo flexível oferecido pela escola ou montado pelo próprio aluno. Aditar valor ao currículo num mercado de trabalho saturado.	Custos modestos, com investimento misto (preferencialmente privado).	A qualidade deve ser avaliada segundo a eficiência adicionada ao currículo. Credenciamento individual.	Inteiramente determinado pela competição no mercado de trabalho.

Todavia, seria um equívoco supor que se trata de um "pacote" vindo do exterior. Em primeiro lugar, porque os dados com que o Banco trabalha para fazer o diagnóstico foram retirados de fontes latino-americanas, entre as quais, as brasileiras. Em segundo, porque há uma sintonia ideológica fina entre o pensamento do Banco e o do MEC, que rezam pela mesma cartilha neoliberal de privatização do que é público e do mercado como destino fatal e *ultima ratio* de todas as ações humanas.

Dos vários aspectos contidos na reforma do ensino superior, que examinamos anteriormente, um deles merece nossa atenção e a ele dedicaremos nossas considerações finais. Trata-se da autonomia universitária.

Ao debater a questão da autonomia universitária, a Andes observa que a lei que a institui (o Artigo 207 da Constituição) a define de maneira bastante genérica:

> As universidades gozam de autonomia didático--científica, administrativa e de gestão financeira e patrimonial, e obedecerão ao princípio de indissociabilidade entre ensino, pesquisa e extensão.

Dada a generalidade, julga a Andes que a autoaplicabilidade do Artigo 207, sem uma regulamentação jurídica cabível e necessária, corre o risco de esfacelar o sistema nacional de ensino superior, criando uma poeira de universidades ditas autônomas nas quais valerá o poder do mais forte. Não só isso. Julga a Andes que a lei permite a confusão entre autonomia dos órgãos estatais de administração direta e autonomia universitária, o que reduziria as universidades à condição de autarquias, portanto sem independência com relação ao poder executivo.

Essas colocações são graves e importantes porque incidem no próprio conceito de autonomia proposto pela reforma do ensino.

Durante a ditadura, uma das bandeiras de luta das universidades públicas foi a autonomia, isto é, a luta para que as decisões universitária fossem tomadas pelas próprias universidades. Essa luta foi mais candente no caso das universidades federais, diretamente dependentes de atos da Presidência da República. Isso explica por que um dos elementos-chave dessa luta foi a conquista da eleição direta dos dirigentes universitários (reitores e diretores). Sob suas múltiplas manifestações, a ideia de autonomia, como a própria palavra grega indica – ser autor do *nomos*, ser autor da norma, da regra e da lei –, buscava não só garantir que a universidade pública fosse regida por suas próprias normas, democraticamente instituídas, mas visava, ainda, assegurar critérios acadêmicos para a vida acadêmica e independência para definir a relação com a sociedade e com o Estado. Numa palavra, a autonomia possuía sentido sociopolítico e era vista como a marca própria de uma instituição social que possuía na sociedade seu princípio de ação e de regulação.

Se tomarmos o documento do BID e a Lei de Diretrizes e Bases da Educação Nacional (LDB), veremos a profunda transformação sofrida por esse conceito à medida que a universidade foi sendo transformada numa organização administrativa e administrada. De fato, embora o Artigo 207 pareça contemplar a antiga ideia de autonomia universitária, a LDB entende por autonomia simplesmente a gestão eficaz de receitas e despesas, de acordo com contratos de gestão assinados pelas universidades com o Estado. Numa palavra, a autonomia organizacional se reduz ao gerenciamento empresarial da instituição para que cumpra metas, objetivos e indicadores definidos pelo Estado e tenha independência para fazer outros contratos com empresas privadas. Seu sentido institucional, sociopolítico, foi devorado pelo sentido administrativo e instrumental das leis que regem o mercado. Em suma, a autonomia passou a significar uma capacidade operacional de gestão de recursos públicos e privados, e não mais o modo de inserção da instituição universitária num sistema nacional de educação e pesquisa nem sua forma de relação com a sociedade e o Estado.

Se assim é, então cremos que a mera regulamentação do Artigo 207 não será suficiente para recuperar o sentido originário da autonomia universitária, uma vez que essa regulamentação se fará em conformidade com a ideologia que rege a reforma do ensino no seu todo e que, como vimos, tem como finalidade precípua instalar a universidade operacional, isto é, um misto de universidade funcional e de resultados, circunscrita a objetivos parciais alcançados por meios parciais. Em resumo, se o lugar social da universidade for o mercado, não bastará que a regulamentação da autonomia universitária seja feita de acordo com esse parâmetro.

Como se vê, o embate entre tecnocratas eficientes e humanistas utópicos está longe de seu desenlace.

SOBRE O LIVRO

Formato: 12 x 21 cm
Mancha: 20,5 x 45 paicas
Tipografia: Gatineau 10/13
Papel: Offset 75 g/m² (miolo)
Cartão Supremo 250 g/m² (capa)
1ª edição: 2001
1ª Reimpressão: 2011

EQUIPE DE REALIZAÇÃO

Produção Gráfica
Edson Francisco dos Santos (Assistente)

Edição de Texto
Nelson Luís Barbosa (Assistente Editorial)
Fábio Gonçalves (Preparação de Original)
Carlos Villarruel e
Nelson Luís Barbosa (Revisão)
Kalima Editores (Atualização ortográfica)

Editoração Eletrônica
Lourdes Guacira da Silva Simonelli (Supervisão)
Luís Carlos Gomes e
Edmílson Gonçalves (Diagramação)

Impressão e acabamento